WAHRE VERBRECHEN

BAND 6 (TRUE CRIME CASE HISTORIES)

JASON NEAL

ÜBERSETZT VON
TANJA LAMPA

AKAMAI PUBLISHING

Cover-Fotos von:

David Harker (oben links)

Donald Smith (oben rechts)

Kenneth Biros (unten links)

Sandy Murphy (unten rechts)

Ebenfalls von Jason Neal erschienen:

Jason Neals komplette Serie über wahre Verbrechen finden Sie auf Amazon unter https://geni.us/TrueCrime

Die Reihe wird ständig um neue Bände ergänzt, die auch als Taschenbuch erhältlich sind.

Achten Sie auch auf das Bonuskapitel aus diesen Büchern am Ende dieses Buches.

KOSTENLOSES BONUS-EBOOK FÜR MEINE LESER

Als Dankeschön für das Herunterladen verschenke ich ein kostenloses True-Crime-Buch, das Ihnen sicher gefallen wird.

https://geni.us/Kriminalroman

Gehen Sie einfach auf die oben genannte URL und teilen Sie mir mit, wohin ich Ihr kostenloses Geschenk schicken soll!

Wenn Sie außerdem ein kostenloses True-Crime-Hörbuch haben möchten, besuchen Sie bitte diesen Link.

https://geni.us/audioDE

INHALT

EINLEITUNG

Wie schon in den vorangehenden Bänden meiner „True Crime"-Serie möchte ich an dieser Stelle eine kurze Warnung aussprechen. Die Geschichten in diesem Buch repräsentieren die Menschheit in ihrer absolut schlimmsten Form. Dem puren Bösen. Fernsehkrimis und Nachrichten sparen die unangenehmen Informationen über wahre Kriminalgeschichten oft aus, weil diese Details für den durchschnittlichen Zuschauer oder Leser schlichtweg zu viel sind.

In meinen Büchern lasse ich sie jedoch nicht weg. Ich recherchiere jede Geschichte stundenlang und durchsuche alte Zeitungsartikel, Gerichtsdokumente, Beschreibungen aus erster Hand und Autopsieberichte. Dabei füge ich diese Details nicht ein, nicht um zu schockieren, sondern um den Lesern einen tieferen Einblick in den verdrehten Verstand eines Mörders zu geben. Am Ende wird wohl niemand von uns das Motiv der Täter verstehen, von denen diese Bücher handeln, aber der Grad ihrer Verderbtheit wird zumindest dafür sorgen, dass Sie weiterlesen.

Das heißt, dass dieses Buch möglicherweise keine geeignete Lektüre für Sie ist, wenn Sie mit den Details des wahren

Verbrechens nicht gut umgehen können. Falls Sie es aber können, dann ... lesen Sie weiter.

———

Band 6 meiner „True Crime"-Serie umfasst zwölf neue Verbrechen aus den letzten Jahrzehnten. Er enthält die Geschichte eines jungen Engländers, der der berüchtigtste Serienmörder Großbritanniens werden wollte, aber nach seinem ersten Mord den Mund nicht halten konnte und vor mehr als zwanzig Freunden mit seiner Tat prahlte.

Ein anderer Fall handelt von vier jungen Männern, die glaubten, tun zu können, was sie wollten, weil ihr Herr, Satan, sie beschütze. Satan konnte sie jedoch offensichtlich nicht vor dem Gefängnis bewahren.

Dann gibt es da noch die Geschichte eines Mannes aus San Diego, der es sich zur Lebensaufgabe gemacht hatte, jungen Männern auf den rechten Weg zurück zu helfen. Seine guten Taten führten dazu, dass seine gesamte Familie von einem Jungen ermordet wurde, den er bei sich aufgenommen hatte.

Ein anderer Mörder, ein Vater von acht Kindern, lockte Frauen auf sein Boot und vergewaltigte sie, bevor er sie über Bord warf. Mithilfe der ausgeklügelten forensischen Wissenschaft konnte er jedoch schließlich gefasst werden.

Die Geschichte über einen jungen Mann, der es nicht ertragen konnte, dass ihn seine Freundin verlassen hatte, wurde mir von einem meiner Leser zugetragen, dessen Tochter dem Mörder sehr nahe gekommen war.

Die zwölf Verbrechen in diesem Band sind schockierend und verstörend, aber sie sind wahr. Solche Dinge passieren wirklich in der Welt. Wir werden vielleicht nie verstehen, warum Mörder tun, was sie tun, aber zumindest können wir besser informiert sein.

Von einigen der Geschichten in diesem Band haben Sie möglicherweise schon gehört, aber manche kennen Sie mit Sicherheit noch nicht. Mein Ziel ist es, Fälle aufzuspüren, über die noch nicht im Internet berichtet wurde. In den letzten Jahren haben mir viele meiner Leser Informationen über Verbrechen zugetragen, die in ihrer Heimatstadt passiert sind und an die sie sich erinnerten. Wenn Sie Geschichten kennen, über die noch nicht berichtet wurde, schreiben Sie mir bitte. Es macht mir Spaß, in alten Zeitungen zu wühlen und interessante Fälle zu recherchieren.

Zu guter Letzt möchte ich Sie ermutigen, meiner Mailingliste beizutreten, um Rabatte, Updates und ein kostenloses Buch zu erhalten. Sie können sich hier dafür anmelden:

http://TrueCrimeCaseHistories.com

Vielen Dank, dass Sie dieses Buch lesen. Ich hoffe, dass Ihnen das genauso viel Spaß macht wie mir die Recherche und das Schreiben.

-Jason

KAPITEL 1

VERLOREN IN DER WÜSTE

Diejenigen, die in den 1990er Jahren in der Gegend von Phoenix, Arizona, lebten, erinnern sich vielleicht noch an Terri's Consignment & Design. Die Werbespots wurden ständig im Fernsehen im gesamten Phoenix-Tal gezeigt und stellten Terri Bowersock und ihre Mutter, Loretta Bowersock, vor.

Loretta hatte als junge Frau ein erfolgreiches Möbelgeschäft geleitet. 1983 nutzte sie ihren Geschäftssinn, um ihre Tochter Terri bei der Gründung einer eigenen Möbelspediwtion zu unterstützen – mit einem Darlehen von Terris Großmutter in Höhe von 2.000 Dollar.

„Terri's Consignment & Design"-Läden boten „kaum gebrauchte" Möbel zu Schnäppchenpreisen an. Innerhalb weniger Jahre waren sie in ganz Phoenix bekannt und Terri verdiente ein Vermögen.

Obwohl sie Legasthenikerin war, war sie eine Meisterin im Marketing und wurde mit dem Titel „Arizonas beste Geschäftsfrau" ausgezeichnet. Kurze Zeit später verlieh Avon ihr die prestigeträchtige Auszeichnung „Woman of Enterprise" und sie trat in der Oprah-Winfrey-Show auf, als es um „unerwartete Millionäre" ging.

Obwohl das Geschäft Terri gehörte, wurde auch Loretta wohlhabend und kaufte ein großes Haus in Tempe, einer Stadt in der Nähe von Phoenix. Für sie allein war das Haus jedoch zu groß, weshalb sie 1986 beschloss, ein Zimmer zu vermieten. Loretta schaltete eine Kleinanzeige in der Lokalzeitung mit dem Text: „Zimmer in schönem Haus einer leitenden Geschäftsfrau zu vermieten." Der Erste, der sich meldete, war ein neunundvierzigjähriger Mann namens Taw Benderly.

Benderly besaß nichts als die Kleider, die er am Leib trug, als er bei ihr auftauchte. Er erzählte der einundfünfzigjährigen Loretta, er sei gerade erst gelandet und man habe ihm am Flughafen seine Koffer gestohlen. Loretta hatte Mitleid mit ihm und ließ ihn bleiben.

Benderly war groß, charmant und intelligent. Er konnte sich gut verkaufen und erzählte ihr, dass er ein Einzelkind sei. Seine Eltern seien jedoch früh gestorben, weshalb ihn seine Großmutter großgezogen habe. Nach der Highschool habe er das College besucht und seinen Master in Wirtschaft abgelegt.

Es dauerte nicht lange, bis Loretta sich in ihren neuen Mitbewohner verliebte. In den nächsten Jahren arbeitete sie weiter mit ihrer Tochter zusammen, während Benderly in der Garage herumwerkelte. Er war davon überzeugt, ein Erfinder zu werden, und steckte voller Ideen, von denen er behauptete, dass sie „die nächste große Sache" werden würden. Er tüftelte an Projekten wie einem „revolutionären" Rasenmähermesser, einer Solaranlage und einem Schutzschild, das die Autos in der Hitze von Arizona kühl halten würde. Doch leider schien keine seiner Ideen jemals zu funktionieren.

Loretta durchkämmte Garagen- und Nachlassverkäufe auf der Suche nach Uhren und Schmuckstücken, die sie aufarbeiten und mit Gewinn weiterverkaufen konnte. Währenddessen spielte Benderly mit seinen Erfindungen herum, kochte und putzte das Haus. Obwohl er über kein eigenes Einkommen verfügte, schien es dem Paar nach außen hin gut zu gehen. Doch hinter der Fassade war es alles andere als das.

Anfang der 1990er Jahre überzeugte Benderly Loretta davon, dass ihr ein viel größerer Anteil an Terris Möbelgeschäft zustehe, und drängte sie, ihre Tochter zu verklagen. Der Rechtsstreit dauerte Jahre und trieb einen Keil zwischen Mutter und Tochter. Letztendlich wurde der Streit beigelegt, aber es war eine emotional sehr schwere Zeit für Loretta.

Zudem wurde Benderly ihr gegenüber im Laufe der Jahre immer herablassender. Er erniedrigte sie ständig und sorgte dafür, dass sie sich minderwertig fühlte. Dieser Missbrauch zerstörte nach und nach ihr Selbstwertgefühl. Ihre Bücherregale quollen über von Selbsthilfebüchern und Aufzeichnungen von Sendungen von Oprah Winfrey und Dr. Phil, in denen es um die Rettung von Beziehungen und häusliche Gewalt ging.

Irgendwann vertraute Loretta ihrer Tochter und ihren Schwestern die Probleme mit Taw Benderly an. Da sie Mitte sechzig war, glaubte sie jedoch, es sei zu spät, ihn zu verlassen und neu anzufangen. Außerdem hatten Benderly und sie sich schon früh versprochen, dass sie gemeinsam alt werden würden. Und sie war fest entschlossen, dieses Versprechen zu halten.

Benderly sprach bei Familientreffen unaufhörlich über das Einkommenspotenzial seiner Lieblingsprojekte, weshalb Terri ihm jahrelang zwischen 20.000 und 40.000 Dollar pro Jahr gab, um seine Erfindungen voranzubringen. Sie hatte keine Ahnung, dass andere Freunde, Nachbarn und Verwandte ihm ebenfalls Geld liehen.

———

Am 14. Dezember 2004 um 18:00 Uhr tauchte Taw Benderly völlig aufgelöst beim Sicherheitsdienst der Park Place Mall in Tucson, Arizona, auf. Er behauptete, Loretta um 14:00 Uhr am Dillard's Department Store abgesetzt zu haben. Er habe sie um 16:00 Uhr wieder abholen wollen und die letzten beiden Stunden damit verbracht, sie überall im Einkaufszentrum zu suchen. Doch sie war nirgends zu finden.

An diesem Abend durchkämmte die Polizei das Dillard's, das Einkaufszentrum und die umliegende Nachbarschaft, fand aber keine Spur von Loretta. Der Polizei war ihr Name aus der Fernsehwerbung gut bekannt. Zunächst hielt man eine Entführung und eine Lösegelderpressung für möglich.

Benderly erklärte den Detectives, dass er und Loretta Bower-sock, mit der er seit achtzehn Jahren zusammenlebte, fünf Tage Urlaub in Tucson machten und einige Weihnachtsein-käufe erledigen wollten. Er behauptete, sie hätten Tempe um 10:00 Uhr in Richtung Tucson verlassen. Um 12:30 Uhr checkten sie im Tucson Residence Inn ein, bevor er sie um 14:00 Uhr am Einkaufszentrum absetzte.

Es dauerte nicht lange, bis die Polizei Unstimmigkeiten in seiner Geschichte fand. Die Aufnahmen der Videoüberwa-chung des Einkaufszentrums sorgten für das erste Fragezei-chen. Nachdem sie die Sicherheitsbänder sowohl des Dillard's als auch der anderen Läden in der Mall durchgesehen hatte, gab es keine Hinweise darauf, dass Benderly zwei Stunden lang nach Loretta gesucht hatte, wie er behauptet hatte. Viel-mehr hatte er seinen braunen Minivan um 18 Uhr auf dem Parkplatz geparkt und war direkt zum Sicherheitsschalter gegangen. Es gab auch keine Aufnahmen von Loretta im Einkaufszentrum an diesem Tag.

Die Polizei erwirkte einen Durchsuchungsbefehl und fand in Benderlys Hotelzimmer verschiedene Wertgegenstände: teure Uhren, Halsketten und Ringe. Er hatte auch mehrere Waffen und Munition mitgebracht. Er hatte acht Koffer für die fünftägige Reise gepackt, aber nur in einem fand sich Lorettas Kleidung. In den anderen befanden sich ausschließlich seine eigenen Habseligkeiten.

Was die Polizei jedoch am meisten beunruhigte, war das, was sie im Kofferraum seines Minivans fanden: eine Spitzhacke und eine Schaufel, beide dreckverschmiert.

Sie entdeckten außerdem eine Kiste mit verschiedenen Seilen und eine Karte des Wüstengebiets zwischen Phoenix und Tucson. Diese Entdeckung war mehr als nur ein Warnzeichen.

Die Detectives in Tucson kontaktierten die Polizei in Tempe, um einen Durchsuchungsbefehl für das Haus von Benderly und Loretta zu erwirken. In der Garage stand ein weiterer Minivan, in dessen Kofferraum die Polizisten eine Geldbörse mit Lorettas Ausweis, Scheckbuch und Kreditkarten fanden. In einem Mülleimer vor dem Haus entdeckte sie ein Papiertuch mit etwas Blut darauf. Für die Polizei stand damit fest, dass Loretta es nie lebend nach Tucson geschafft hatte.

Die Polizei hatte gute Gründe, Benderlys Geschichte nicht zu glauben, und brachte ihn zum Verhör. Während der Vernehmung wirkte er aggressiv und schien sich größere Sorgen um die Anschuldigungen gegen seine Person als um Lorettas Leben zu machen:

> „Sie sollten respektieren, dass ich versuche, Ihnen Informationen in so klarer Form wie möglich zu geben. Ich war nicht darauf vorbereitet, über jede Minute Rechenschaft ablegen zu müssen."

Die Ermittler in Tucson waren überzeugt, dass Benderly Loretta getötet und vermutlich in der Wüste irgendwo zwischen Tempe und Tucson vergraben hatte. Taw verweigerte schließlich jede Antwort. Da sie ihn ohne eine Leiche nicht anklagen konnten, mussten sie ihn bald wieder freilassen.

Nun begannen die Ermittler, Benderlys Bewegungen am Tag von Lorettas Verschwinden zurückzuverfolgen. Er behauptete, sie hätten Tempe um 10:00 Uhr verlassen und um 12:30 Uhr im Hotel eingecheckt. Um 14:00 Uhr hätte er sie dann am Einkaufszentrum abgesetzt. Die Aufzeichnungen des Residence Inn belegten jedoch, dass er um 14:48 Uhr eingecheckt hatte – allein, wie das Hotelpersonal aussagte. Es gab keinen Eintrag von Loretta im Gästebuch des Hotels.

Benderlys Kreditkarten- und Mobiltelefonaufzeichnungen erzählten ebenfalls eine andere Geschichte von diesem Tag. Er hatte um 11:00 Uhr in einem Outlet-Center in Casa Grande, südlich von Phoenix, mit einer Kreditkarte zwei Baseballkappen bezahlt. Um 12:30 Uhr rief er mit dem Handy seinen Zahnarzt zurück. Hierbei wählte sich sein Telefon in einen Mobilfunkturm nahe der Ausfahrt 199 ein, ebenfalls in der Nähe von Casa Grande. Um 13:15 Uhr kaufte er nur eine Meile weiter auf der Interstate zwei Sandwiches in der Raststätte Love's.

Über die Zeit zwischen 11:00 Uhr und 13:15 Uhr gab es keine Informationen. Die Polizei vermutete, dass er, nachdem er die Outlet-Mall verlassen hatte, Loretta irgendwo in der Nähe in der Wüste vergrub, bevor er nach Tucson weiterfuhr.

Terri Bowersock war völlig verzweifelt, weil ihre Mutter verschwunden war, und konfrontierte Benderly persönlich. Trotz der Ungereimtheiten beharrte er darauf, nichts mit Lorettas Verschwinden zu tun zu haben.

———

Terri wusste nicht, was sie glauben sollte. Da sie engen Kontakt zu den Fernsehsendern und Zeitungen in und um Phoenix hatte, bat sie diese um Hilfe. Die Geschichte von Lorettas Verschwinden machte Schlagzeilen. Die Aufmerksamkeit der Medien spornte Freunde und Fremde an, ihr bei der Suche in der Region zwischen Phoenix und Tucson zu helfen. Obwohl Benderlys Anruf von einem bestimmten Mobilfunkmast abgegangen war, war der Bereich, der von diesem Mast abgedeckt wurde, ein riesiges Wüstengebiet. Eine Leiche in einem so großen Gebiet zu finden, war höchst unwahrscheinlich.

Die Geschichte zog auch Hellseher an, die angeblich helfen konnten. Da Terri an das Übernatürliche glaubte, bat sie acht verschiedene Wahrsager um Rat. Die Hinweise, die sie lieferten, waren zwar meist jedem zugänglich, der die Zeitungen las, doch eine Hellseherin überzeugte Terri davon, dass sie mit den Toten sprechen könne. Sie erzählte ihr, dass sie den Aufenthaltsort von Taw Benderly überprüfen müsse.

Die Polizei von Tucson trug währenddessen Beweismaterial gegen Benderly zusammen und stand kurz davor, ihn zu verhaften. Man hatte seine und Lorettas Finanzen durchgesehen und festgestellt, dass er einige hohe Kredite unter ihrem Namen aufgenommen hatte. Außerdem hatte er Gelder ihrer Firma veruntreut und die Hypothekenzahlungen nicht geleistet. Sie hatten mehrere zehntausend Dollar Schulden und Lorettas wunderschönes Haus in Tempe stand kurz vor der Zwangsversteigerung. Telefonaufzeichnungen belegten, dass sie am Tag vor ihrem Verschwinden siebzehn Mal ihre Bank angerufen hatte.

Terri hatte in den letzten Tagen nicht mit Benderly gesprochen und suchte ihn auf. Nachdem er weder auf ihr Klingeln noch auf ihre Anrufe reagierte, rief sie die Polizei.

Am 22. Dezember, nur acht Tage nach Lorettas Verschwinden, betrat die Polizei von Tempe Benderlys Haus und fand ihn leblos auf. Er hatte sich in der Garage mit einem Verlängerungskabel erhängt. Benderly hatte einen Abschiedsbrief hinterlassen, in dem er jedoch weder verriet, wie Loretta gestorben war noch wo sich ihre Leiche befand. Darin stand nur:

> „Loretta und ich haben uns vor Jahren geschworen, für immer zusammen zu bleiben, und das werden wir auch."

Benderly hatte Loretta und Terri erzählt, er wäre Vollwaise und von seiner Großmutter großgezogen worden, doch Terri fand bald heraus, dass dies eine Lüge war. Benderly hatte nicht nur einen Bruder, auch seine Eltern lebten noch. Außerdem gab es eine Ex-Frau und zwei Kinder, zu denen er seit über achtzehn Jahren keinen Kontakt mehr gehabt hatte. Auch sein Master-Abschluss in Wirtschaft war erfunden. Tatsächlich war er gerade erst wegen Diebstahls aus dem Gefängnis entlassen worden, als er vor achtzehn Jahren vor Lorettas Tür aufgetaucht war.

———

Mit Taw Benderlys Tod schien jede Hoffnung, Lorettas Leiche zu finden, erloschen zu sein. Hinweise kamen nur noch von Hellsehern, die so vage Aussagen machten wie: „Suchen Sie nach etwas Rotem in der Erde", „Sie ist in der Wüste" oder „Sie ist neben etwas Blauem begraben". Doch Terri vertraute weiterhin auf sie und lud eine Wahrsagerin sogar ein, gemeinsam in der Wüste nacht ihrer Mutter zu suchen.

Sechs Monate nach ihrem Verschwinden stellte die Polizei die offizielle Suche nach Loretta Bowersock ein, doch Terri verbrachte weiterhin jedes Wochenende damit, durch die Wüste südlich von Phoenix zu wandern.

———

Gut ein Jahr nach ihrem Verschwinden traten zwei Wanderer in der Wüste gegen einen großen Stein und legten einen Teil eines menschlichen Schädels frei. Nachdem Polizisten nur achtzehn Zentimeter tief gegraben hatten, förderten sie ein komplettes weibliches Skelett zutage, das in Plastiktüten eingewickelt war. Eine Tüte bedeckte ihren Kopf, eine andere hatte man ihr in den Hals geschoben.

Zahnärztliche Unterlagen bewiesen, dass es sich bei der Leiche um Loretta Bowersock handelte. Eine gerichtsmedizinische Untersuchung ergab, dass sie höchstwahrscheinlich erstickt war, nachdem man ihr eine Tüte über den Kopf gestülpt hatte. Die Leiche wurde ohne Schuhe begraben, was die Polizei zu der Annahme veranlasste, dass sie in ihrem Haus in Tempe gestorben war.

———

Terri Bowersock fand Trost in der Entdeckung des Leichnams ihrer Mutter und in dem Gedanken, dass sie nun ein ordentliches Begräbnis bekam. Den Fund schrieb sie jedoch nicht der Arbeit der Polizei zu, sondern einem Hellseher, den man heute auf Social-Media-Kanälen finden kann, auf denen Dutzende unbegründeter und leicht zu entlarvender Verschwörungstheorien verbreitet werden.

Die Rezession tat Terri Bowersock und ihren Kommissionsgeschäften nicht gut. Drei Jahre, nachdem man die Leiche ihrer Mutter gefunden hatte, fiel ihr millionenschweres Imperium in sich zusammen. Beim Better Business Bureau – das in den USA eine ähnliche Funktion erfüllt wie der Verbraucherschutz in Deutschland – gingen innerhalb von sechsunddreißig Monaten 188 Beschwerden ein. Auf Google und Yelp häuften sich die negativen Bewertungen, in denen sich die Leute beschwerten, dass sie ihre Möbel in Kommission gegeben und nie einen Cent dafür gesehen hätten.

Das Unternehmen, das sie mit einem 2.000-Dollar-Kredit gegründet hatte, das auf siebzehn Läden angewachsen war, 300 Mitarbeiter beschäftigte und einen Jahresumsatz von 36 Millionen Dollar machte, meldete schließlich Konkurs an und Terri Bowersock ging in die Privatinsolvenz.

KAPITEL 2
VON DER BEGIERDE VERZEHRT

Die achtzehnjährige Heather Gibson war in ihrem letzten Schuljahr an der Loy Norrix High School in Kalamazoo, als sie Chadwick „Chad" Wiersma zum ersten Mal traf. Das junge und naive Mädchen war begeistert, dass ein älterer Junge sie mochte, aber am meisten faszinierte sie seine „Bad Boy"-Art.

Chad war ein stämmiger Blondschopf, der in einer Mittelklasse-Familie in der Nähe von Kalamazoo aufgewachsen war, aber ein besseres Händchen als seine Geschwister dafür hatte, ständig in Schwierigkeiten zu geraten. Mit zwanzig Jahren hatte er zwar schon einen Job und eine eigene Wohnung, war jedoch schon ein paar Mal mit dem Gesetz in Konflikt geraten, was ihm schließlich eine Vorstrafe eingebracht hatte.

Als Heather und Chad 1993 zum ersten Mal miteinander ausgingen, lebte sie mit ihren Eltern und ihrer jüngeren Schwester in einem ruhigen Viertel im Süden von Kalamazoo, Michigan. Heather war total in ihn verliebt, doch ihre Eltern erkannten gleich, dass der junge Mann Ärger bedeutete. Ihr Vater, Robert Gibson, wusste, dass Chad nicht wie die anderen Jungs war, und versuchte, seine Tochter davon zu überzeugen, dass sie sich lieber auf die Schule konzentrieren sollte. Doch es war zu spät. Wie jedes Teenagermädchen war sie total in ihren Schulmädchenschwarm verknallt.

Doch ihr Vater sollte recht behalten. Nach ein paar Monaten erkannte Heather, dass ihre Beziehung mit Chad nicht funktionieren würde. Doch als sie ihm erklärte, dass sie sich auch mit anderen Leuten treffen sollten, wurde Chad wütend. Er zwang sie in ihr Auto und befahl ihr, loszufahren. Sie fuhren zu einem abgelegenen Ort, wo er sie wüst beschimpfte.

In seiner Raserei brüllte er, dass sie ihn nicht verlassen könne. Denn wenn sie das täte, würde er sie und ihre Familie töten. Heather flehte ihn stundenlang an und schließlich beruhigte er sich wieder. Doch das war nur vorübergehend.

Heather stimmte widerwillig zu, weiterhin mit ihm auszugehen, doch seine zwanghafte Eifersucht ließ nicht nach. Er beobachtete jede ihrer Bewegungen und beschuldigte sie immer wieder, mit anderen Männern zu flirten. Das Paar stritt sich ständig und im Dezember 1993 eskalierte die Situation. Sie sagte ihm, dass es vorbei sei, drehte sich um und lief zu ihrem Auto.

Wütend parkte Chad seinen eigenen Wagen hinter ihrem, um ihr den Weg zu versperren. Dann stieg er aus, stapfte zu ihrer Fahrerseite und schrie sie durch die geschlossene Scheibe an. Heather versuchte, ihn zu beruhigen, doch es war sinnlos. Seine testosterongeschwängerte Wut vernebelte jeden klaren Gedanken. Mit einem großen Stein schlug Chad das Fenster ein und zerrte sie aus dem Auto auf den Bürgersteig.

Nachdem sich eine Schar von Zeugen um ihn versammelt hatte, gelang es ihr, ihn zu beruhigen, sie blieb aber dabei, dass es dieses Mal endgültig vorbei sei. Er fuhr schließlich sein Auto vor und Heather raste davon. Zuhause beharrte

Heathers Vater wütend darauf, dass Chad nur Ärger bedeute und dass sie diese Beziehung für immer beenden müsse.

In den nächsten vier Monaten schaffte es Heather tatsächlich, sich von Chad fernzuhalten. Doch er blieb hartnäckig und dabei sehr überzeugend. Im Frühjahr 1994 versöhnten sie sich wieder und sie zog bei ihm ein. Sie war sich sicher, dass er sich tatsächlich verändert hatte. Ihr Vater war jedoch nicht so nachsichtig und machte ihr unmissverständlich klar, dass Chad in seinem Haus niemals willkommen sein würde.

In den nächsten zwei Jahren war die Beziehung von Heather und Chad ein ständiges Auf und Ab. Sie trennten sich so oft und kamen dann wieder zusammen, dass ihre Freunde den Überblick verloren. Doch im Februar 1996 trennte sich Heather ein letztes Mal von ihm und zog zurück zu ihren Eltern. Dieses Mal sollte es für immer sein.

Doch Chad war kein Mann, der Zurückweisungen akzeptierte. In den nächsten Wochen fragte er seine Freunde geradezu zwanghaft aus, um herauszufinden, ob sie sich mit einem anderen traf, und bat sie, ihr nachzuspionieren. Er konnte den Gedanken nicht ertragen, dass sie vielleicht einen Neuen hatte, doch jedes Mal, wenn er sie anrief, war ihr Vater am Apparat und legte sofort wieder auf.

Chad war wütend, weil er nicht mit Heather reden konnte und ihm Gerüchte zu Ohren gekommen waren, dass sie sich mit jemandem traf. Sein Drogen- und Alkoholkonsum schürte seine Wut zusätzlich, bis er schließlich durchdrehte.

Ende März bat er seinen Kollegen Robert Burr mehrfach, bei ihr anzurufen, um nach Heather zu fragen und ihm dann den Hörer zu geben. Als dieser Trick nicht mehr funktionierte, bat Chad ihn, ihm eine Waffe zu besorgen.

Robert wusste, dass er vorbestraft war und daher keine Schusswaffen besitzen durfte. Außerdem würde er ebenfalls eine Straftat begehen, wenn er Chad dabei half. Also weigerte er sich, ihm zu helfen. Chad war verzweifelt und fragte andere Kollegen, doch alle wussten von seiner Vorstrafe und verweigerten ihm ihre Hilfe.

Am 1. April besuchte Chad einen Freund, Eric Edgerson. Während die beiden Gin tranken, Gras rauchten und Kokain schnupften, reinigte Eric an diesem Abend seine 9-Millimeter-Pistole. Als er damit fertig war, legte er sie auf eine seiner Lautsprecherboxen.

Irgendwann im Laufe des Abends schnappte sich Chad die Waffe und feuerte sie im Haus ab. Eric schrie ihn an: „Was zum Teufel machst du da?!" Doch Chad lachte nur und behauptete, sie sei aus Versehen losgegangen. Er legte die Waffe wieder hin und die beiden feierten weiter.

In den frühen Morgenstunden war Chad zu betrunken und zu high, um nach Hause zu gehen, also schlief er auf der Couch. Als Eric später am Morgen aufwachte, waren Chad und die Waffe weg.

———

Eric fuhr nach Kalamazoo, um nach ihm und der Waffe zu suchen. Er wusste, dass Chad keine Waffe tragen durfte. Eric fuhr sowohl zu seiner Wohnung als auch zum Haus seiner Großmutter, fand aber weder ihn noch seine Waffe. Weil er von Chads Vorstrafe und seiner Wut auf Heather wusste, fuhr er schließlich zur Polizeistation, um seine Waffe als gestohlen zu melden.

Chad selbst fuhr später an diesem Morgen zu einem anderen Kollegen. Als er bei Brian Kirschs ankam, schimpfte er sofort auf Heather. Er war felsenfest davon überzeugt, dass sie mit anderen Männern flirtete. Er tobte, dass Heather ihn verlassen hatte und dass sie seine Anrufe nicht entgegennehmen würde.

Als er meinte, dass er „darüber nachdenkt, jemanden umzubringen", nahm Brian ihn nicht ernst. Doch leider sollte genau das bald Realität werden.

———

Am frühen Nachmittag verließ Chad Wiersma Brian und fuhr zum Haus von Heathers Eltern in der Duke Street 4039.

Robert Gibson arbeitete gerade in der Garage, als Chad vorfuhr. Noch bevor er etwas sagen konnte, zog Chad die Handfeuerwaffe aus seiner Tasche und gab ihm ein Zeichen, ins Haus zu gehen.

Dort versuchte Heathers Vater, ihn zu beruhigen, aber Chad schrie: „Halt dein verdammtes Maul und geh einfach in die Küche." Also ging Robert in die Küche, zog einen Stuhl vor und setzte sich.

Roberts Versuche, ihn zu beruhigen, waren zwecklos. Chad konnte nicht mehr klar denken. Er trat hinter Robert, legte die Waffe an seinen Hinterkopf und schoss. Robert Gibson fiel auf den Boden, sein Körper rollte sich in der Fötusstellung unter dem Küchentisch zusammen, wo er verblutete.

Während der Vater tot auf dem Küchenboden lag, durchsuchte Chad den Rest des Hauses. Er begann in Heathers Zimmer, wo er nach Beweisen dafür suchte, dass sie ihn betrog. Sie hatten sich zwar schon vor zwei Monaten getrennt, aber in seinen Augen war es immer noch Betrug. Er lief von Zimmer zu Zimmer und kippte sämtliche Schubladen aus, fand aber nichts, was ihn zufrieden stellte.

Voller Adrenalin setzte Chad sich mit der Waffe in der Hand ins Wohnzimmer und wartete darauf, dass Heather von der Arbeit nach Hause kam.

Kurz nach 15:00 Uhr öffnete sich die Tür – aber es war nicht Heather. Es war ihre jüngere Schwester, Rachel, mit ihrer Freundin Melanie. Die beiden vierzehnjährigen Mädchen hatten die neueste Folge von *Akte X* aufgenommen und wollten sie sich nach der Schule ansehen. Doch ihre Pläne wurden jäh durchkreuzt. Chad richtete seine Waffe auf sie, sobald sie zur Tür hereinkamen, und zwang sie auf den Boden. „Schaut nach unten! Nicht nach oben!", schrie er. Sie sollten nicht sehen, dass Rachels und Heathers Vater in einer Blutlache in der Küche lag.

Chad schrie Rachel an: „Ich warte, bis deine Mutter nach Hause kommt. Dann kann ich deine Familie alle auf einmal töten!" Dann drängte er die beiden jungen Mädchen auf die Wohnzimmercouch und zwang eines von ihnen, Oralsex an ihm zu vollziehen, während er die Waffe auf das andere richtete. Er quälte und folterte die beiden über Stunden. Rachel rief nach ihrem Vater, doch er sorgte die ganze Zeit dafür, dass sie nicht in die Küche sahen.

Nach fast zwei Stunden kam Heather durch die Vordertür herein und sah sich sofort von einer Pistole bedroht. Chad packte sie, schob sie zu den beiden jüngeren Mädchen und brachte alle drei ins vordere Schlafzimmer – weg von der Küche.

Rasend vor Eifersucht schrie er Heather an. Er fragte sie nach ihren Verabredungen aus und beschuldigte sie, mit anderen Männern zu flirten. Die beiden stritten sich fast eine Stunde lang, als es plötzlich an der Tür klopfte. Chad richtete die Waffe auf die Mädchen und sagte ihnen, sie sollten still sein. Es war eine andere Freundin von Rachel, die sich ebenfalls die Folge von *Akte X* ansehen wollte.

Irgendwann hörte das Klopfen auf und das junge Mädchen entkam dieser Hölle. Chad sagte Heather, dass er ihre gesamte Familie töten würde, wenn sie nicht zu ihm zurückkommen würde. Sie wusste nicht, dass ihr Vater bereits tot war.

Die junge Frau hatte ein Händchen dafür, Chad zu beruhigen und verhandelte schließlich mit ihm. Sie bot ihr eigenes Leben für das ihrer Familie an. Sie würde mit ihm gehen und er könnte sie töten, wenn er wollte, solange er nur den Rest ihrer Familie verschonte.

Chad hielt ihr die Waffe in den Rücken und dirigierte Heather zu ihrem burgunderroten Pontiac Grand Prix. Mit ihr auf dem Beifahrersitz fuhr Chad die Straße entlang. Doch Heather nutzte die erste Gelegenheit zur Flucht, als er an einer Ampel anhalten musste. Sie riss die Tür auf, rannte so schnell sie konnte und schrie aus Leibeskräften. Chad geriet in Panik, trat auf das Gaspedal und raste mit ihrem Auto davon.

Als Heather zu ihrem Haus zurückkam, entdeckte sie mit den beiden anderen Mädchen Robert Gibsons Leiche in der Küche und rief die Polizei.

Neunzig Minuten nach ihrer Flucht erhielt die Polizei einen Anruf von Chad Wiersma. „Ich habe jemanden erschossen und ich weiß nicht, was ich tun soll." Chad erzählte ihnen, dass er in einem Lebensmittelladen sei und sich stellen wolle. Er versicherte den Beamten, dass die Waffe im Kofferraum und das Munitionsmagazin im Handschuhfach lagen.

Die Polizei verhaftete Wiersma und setzte ihn auf den Rücksitz des Streifenwagens, wo er sofort gestand, dass er die Waffe von einem Freund gestohlen und den Vater seiner Ex-Freundin getötet hatte.

17

Am Tatort stellte die Polizei das 9-Millimeter-Metallmantelgeschoss und eine Patronenhülse sicher. Nach einem Testschuss mit der Waffe aus dem Kofferraum ergab der ballistische Test eine Übereinstimmung. Die Polizei nahm Fingerabdrücke von einem Glas im Haus der Gibsons, die mit denen von Chad Wiersma übereinstimmten.

———

Wiersma wurde in zwölf Punkten angeklagt: ein Mal wegen vorsätzlichen Mordes, sieben Anklagepunkte wegen sexueller Belästigung ersten Grades, ein Mal wegen Angriffs mit einer gefährlichen Waffe, zwei Mal wegen eines Verbrechens mit einer Feuerwaffe und ein Mal wegen unerlaubten Waffenbesitzes.

Ein psychiatrisches Gutachten stellte seine Verhandlungsfähigkeit fest. Obwohl er während des Verhörs eine vollständige Schilderung der Geschehnisse abgegeben hatte, behauptete er später, dass er sich weder an den Mordtag selbst noch an die Ereignisse in den Tagen davor erinnern könne.

———

Sein Prozess begann im Oktober 1996. Er wurde in sieben Anklagepunkten schuldig gesprochen, darunter auch in allen Anklagepunkten wegen sexueller Nötigung. Das war eine gute Nachricht für die Staatsanwaltschaft, da die beiden vierzehnjährigen Mädchen nicht alle Details ihres traumatischen Erlebnisses vor Gericht erzählen mussten.

Bevor Heather und Rachel Gibson über diese Tortur aussagten, wies der Richter alle Zuschauer und Medien aus dem Raum. Nur ihre Mutter durfte zur Unterstützung bleiben.

Heather erklärte, wie Wiersma von der Eifersucht zerfressen wurde, und beschrieb detailliert die Misshandlungen, die bis in die frühen Tage ihrer Beziehung zurückreichten, als er das Autofenster eingeschlagen und sie aus dem Wagen gezerrt hatte. Dann schilderte sie die Ereignisse am Mordtag und berichtete von seinen Drohungen, ihre gesamte Familie zu töten.

Rachel erzählte von den Folterungen und Misshandlungen, die sie ertragen musste, und dass Wiersma gedroht hatte, ihre ganze Familie zu töten, als er sie und ihre Freundin vergewaltigte.

Sein Verteidiger bat darum, Wiersmas Geständnis aus dem Protokoll zu streichen, da man ihm damals seine Rechte nicht vorgelesen habe. Vor Gericht behauptete Wiersma, er habe den Polizisten nicht gesagt, dass er jemanden erschossen habe. Doch die Beamten, die ihn in Kalamazoo festgenommen hatten, sagten aus, dass er die Aussage über die Tötung freiwillig gemacht habe.

Der Beamte, der seinen Anruf entgegengenommen hatte, gab ebenfalls an, dass er gesagt habe: „Ich habe jemanden erschossen und weiß nicht, was ich tun soll."

Auch Wiersmas Freunde – die beiden Arbeitskollegen und der Freund, dessen Waffe er gestohlen hatte – sagten gegen ihn aus.

———

Obwohl er die Tat leugnete, wurde Wiersma zu einer lebenslänglichen Haftstrafe verurteilt. Am 19. November 1995 wurde Chadwick Robert Wiersma auch in den beiden verbleibenden Anklagepunkten für schuldig befunden, womit seine Schuld in allen zwölf Punkten als erwiesen galt.

Für drei der Vergewaltigungsvorwürfe wurde eine Strafe von 60 bis 90 Jahren verhängt, für die anderen vier Anklagepunkte erhielt er jeweils eine lebenslange Haftstrafe. Die Mordanklage brachte eine weitere lebenslange Haftstrafe mit sich. Alle seine Strafen fielen aufgrund seiner Vorstrafe härter aus.

KAPITEL 3
GAY PANIC

G wen Amber Rose Araujo wurde 1985 geboren, jedoch unter anderem Namen. Denn eigentlich hieß sie Edward Araujo, Jr. Als er gerade zehn Monate alt war, ließen sich seine Eltern scheiden und sein Vater verschwand. Eddie verbrachte seine frühe Kindheit wie ein normales Kind in der Bay Area in Kalifornien und interessierte sich für Baseball, Angeln und Camping. Trotzdem erkannten seine Mutter und seine Schwester schon früh, dass er anders war. Sie verstanden es zwar nicht ... aber sie wussten es.

Eddie hatte nichts Männliches an sich, sondern war er in allem, was er tat, extrem feminin. In der Schule wurde er von einigen Mitschülern gehänselt, war aber trotzdem aufgeschlossen und hatte viele Freunde, die ihn so akzeptierten, wie er war.

Als Eddie vierzehn Jahre alt war, wusste er, dass die Zeit gekommen war und er nicht länger so tun konnte, als wäre er ein Junge. Also erklärte er seiner Mutter, dass er ein Transgender war und ein Mädchen werden wollte. Er bat sie, sie nach ihrer Lieblingsmusikerin Gwen Stefani Gwen zu nennen. Gwens Mutter akzeptierte zwar ihre neue Identität, weigerte sie sich anfangs jedoch, sie bei ihrem neuen Namen zu nennen.

Gwen trug voller Stolz Mädchenkleidung und Make-up. Obwohl das Mobbing in der Schule zunahm, hatte sie immer noch viele Freunde, die ihr neues Ich akzeptierten. Es erforderte großen Mut, sich in einer Kleinstadt so zu kleiden, wie sie es tat, aber für Gwen fühlte es sich ganz natürlich an, ein Mädchen zu sein. Sie platzte fast vor Stolz, wenn jemand, der sie gerade erst kennengelernt hatte, kaum bemerkte, dass sie als Mann geboren worden war.

Trotz der Unterstützung durch ihre Freunde wurde das Mobbing immer schlimmer. Ihre Noten wurden schlechter, und sie brach die Schule schließlich ab. Da sie eine Expertin in Sachen Make-up war, baten viele ihrer Freundinnen sie regelmäßig, sie zu schminken. Sie träumte davon, eine Kosmetikschule zu besuchen, nach Hollywood zu ziehen und berühmt zu werden.

Auch die Arbeitssuche gestaltete sich als schwierig. Gwen sah wie ein Mädchen aus, aber da der Name auf ihren Bewerbungen nicht zu ihrem Äußeren passte, wurde sie meist abgelehnt. Als sie siebzehn wurde, wollte Gwen eine Hormonbehandlung beginnen und sich einer Operation unterziehen, um eine Frau zu werden.

———

Gwen feierte gerne Partys und lernte im Spätsommer 2002 zwei junge Männer mit der gleichen Vorliebe kennen. José und Paul Merél waren Brüder, die ein Haus in Newark, Kalifornien, angemietet hatten, einer kleinen Stadt zwischen San Jose und Oakland nahe dem südlichen Ende der Bucht.

Ihr Haus war als Partyhaus bekannt, in dem Teenager und junge Erwachsene regelmäßig Alkohol tranken und Marihuana rauchten. Ende August feierte Gwen mit José und seinen Freunden Michael Magidson, Jaron Nabors und Jason Cazares.

Alle vier Männer waren in ihren späten Teenagerjahren oder frühen Zwanzigern und hielten die siebzehnjährige Gwen für eine attraktive junge Frau – mit einer etwas zu tiefen Stimme. Sie trank, rauchte Gras und flirtete die ganze Nacht mit den jungen Männern. Als sie ging, wandte sich Jaron an die anderen drei, bemerkte ihre tiefe Stimme und fragte scherzhaft: „Könnte das ein Kerl sein?" Alle vier lachten über den Kommentar und nahmen ihn nicht ernst.

An den folgenden Abenden kehrte Gwen in das Haus zurück und feierte und flirtete weiter mit den jungen Männern. Einmal hatte sie Oralsex mit Michael Magidson. Ein andermal erklärte sie José Merél während eines Techtelmechtels, dass sie ihre Periode habe, und schob ihn in Richtung ihres Anus. Sie hatten Analsex, ohne dass José merkte, dass sie ein Mann war.

———

Josés älterer Bruder, Paul, war mit einer jungen Frau namens Nicole Brown zusammen, die ebenfalls oft mitfeierte. Nicole war ein Wildfang – ein toughes Mädchen, das gerne kämpfte und noch nie einen Kampf gegen ein anderes Mädchen verloren hatte … bis sie Gwen traf.

Am Ende einer durchzechten Nacht forderte Nicole Gwen heraus, vor den Männern im Raum einen Striptease hinzulegen. Die jungen Männer waren begeistert, aber Gwen wollte nicht mitmachen. Als Nicole nicht locker ließ, eskalierte die Situation und endete über Haareziehen und Schubsen in einem ausgewachsenen Faustkampf.

Am Ende mussten die Männer sie auseinandernehmen. Doch Nicole war außer Rand und Band. Wütend, dass eine Frau, die viel kleiner war als sie, sie so fest geschlagen hatte, sagte sie zu den Jungs:

" „Sie kämpft wie ein Kerl."

Seit dieser Nacht spekulierten José, Michael, Jaron und Jason wild und diskutierten in den beiden nächsten Wochen, ob Gwen tatsächlich ein Mann sein könnte. José und Michael, die beide sexuellen Kontakt mit ihr gehabt hatten, waren besonders schockiert und stellten ihre eigene Männlichkeit infrage. Schließlich kamen die vier zu dem Schluss, dass, wenn sie tatsächlich ein Mann war ...

" „etwas Schlimmes passieren könnte."

———

Zwei Wochen später, am 3. Oktober 2002, saßen die vier Männer in einem Nachtclub. „Ich schwöre, wenn das ein Kerl ist, bringe ich ihn um", sagte José. Und Michael gestand: „Ich weiß nicht, was ich dann tun werde", worauf Jaron nur meinte: „Was auch immer du tust, pass auf, dass du keine Sauerei veranstaltest."

Währenddessen trank und rauchte Gwen mit Nicole und Josés Brüdern, Paul und Emmanuel, als die vier jungen Männer nach Mitternacht aus dem Club nach Hause kamen. Michael und José waren besessen von dem Gedanken, dass Gwen vielleicht ein Mann war, und konnten an nichts anderes mehr denken.

Kurz nach 3:30 Uhr wollten Paul und Nicole im hinteren Schlafzimmer gerade ins Bett gehen, als sie einen Tumult in der Küche hörten. In der Tür hörte Nicole, wie Michael Gwen zur Rede stellte.

„Bist du ein Mann? Bist du ein Mann?!"

Gwen stand schweigend da.

Nicole heizte die Stimmung noch an und sagte: „Warum findet es nicht einer von euch heraus?"

Michaels Herz raste. Er packte Gwen am Arm und schob sie ins Bad. Die anderen warteten geduldig in der Küche, während Michael und Gwen sich im Bad unterhielten. Doch Nicole war eine Unruhestifterin – sie konnte nicht länger warten und ging ins Bad.

Gwen saß schläfrig und betrunken da, als Nicole ihre Knie packte und ihre Beine spreizte. „Oh mein Gott, sie ist ein Mann!", schrie sie.

Als José diese Worte hörte, drehte sich ihm der Magen um. Er begann zu weinen und übergab sich, während die anderen drei Männer aus dem Haus stürmten, um eine Zigarette zu rauchen. „Ich kann nicht schwul sein!", wiederholte José immer wieder.

Nicole versuchte, ihn zu trösten, doch er war völlig in seiner Welt des Selbstmitleids versunken. Sie konnte sehen, wie es in den anderen brodelte und flehte sie an: „Lasst sie einfach gehen, okay?" In einem Anflug von Reue, dass sie zu dieser Situation beigetragen hatte, kehrte Nicole ins Bad zurück und sagte zu Gwen: „Du solltest so schnell du kannst weglaufen."

Gwen stürmte zur Tür, aber Jaron versperrte ihr den Weg. Michael packte sie, warf sie auf den Boden, setzte sich auf ihre Brust und drückte sie zu Boden. Er schrie sie an, ließ sie dann aber wieder aufstehen.

Nicole wusste, dass etwas wirklich Schlimmes passieren würde. Ihr Freund, Paul Merél, war auf Bewährung. Würde er in das, was gleich passieren würde, verwickelt werden, käme er wieder ins Gefängnis. Also rannte Nicole ins Hinterzimmer, warnte Paul und seinen jüngeren Bruder Emmanuel, und die drei verließen die Wohnung, bevor die Situation weiter außer Kontrolle geriet.

Michael riss Gwens Rock herunter, um ihre Genitalien freizulegen, und schlug ihr ins Gesicht. Als sie zu Boden ging, nahm er sie in den Würgegriff, doch Jaron und Jason zogen ihn weg.

Als Gwen aufstand, flehte sie: „Bitte nicht. Ich habe eine Familie." Doch José wurde immer wütender, schnappte sich eine Konservendose von der Küchentheke und schlug sie ihr auf den Kopf. Gwen fiel wieder zu Boden. Dann nahm er eine Bratpfanne vom Herd und schlug ihr auf den Kopf.

Die Situation geriet völlig außer Kontrolle. Jaron und Jason wussten, was unweigerlich passieren würde. „Die werden die Schlampe umbringen", sagte der eine zum anderen. Also verließen die beiden das Haus, gingen zu Jasons Haus und kamen mit einer Spitzhacke und Schaufeln zurück. Sie wussten, dass sie bald eine Leiche entsorgen müssten.

Als Jason und Jaron wieder zurückkamen, war Gwen noch am Leben und bei Bewusstsein. Sie saß auf der Couch, blutete aber stark aus einer Wunde am Kopf. Besorgt, dass sie das Möbelstück beschmutzen würde, befahl José ihr, aufzustehen. Doch Michael war noch nicht fertig mit ihr. Er packte sie und schlug sie immer wieder.

Als Michael ihr mit dem Knie gegen den Kopf trat und er sie so fest gegen die Wohnzimmerwand schlug, dass der Putz herunterrieselte, verlor sie das Bewusstsein. Nun kam Jason dazu und trat auf sie ein, während José herumheulte und versuchte, das Blut von Couch und Teppich zu entfernen.

Michael fesselte Knöchel und Handgelenke der bewusstlosen Gwen mit einem Seil und wickelte sie in eine Bettdecke, damit ihr Blut nicht im ganzen Haus verteilt wurde. Dann zerrte er sie in die Garage.

Jaron sah zu, wie Michael ihr einen Strick um den Hals legte und das Seil immer fester zog, bis er sie schließlich erwürgt hatte. Dann schlug Jason ihr zweimal mit einer Schaufel auf den Kopf. Jaron war sich nicht sicher, ob die Strangulierung oder die Schaufel sie getötet hatte, aber eines war klar – Gwen war tot.

Die Männer legten ihre Leiche auf den Rücksitz von Michaels Pick-up, rauchten eine Zigarette und überlegten, was sie nun tun sollten. Schließlich fuhren sie die ganze Nacht hindurch in Richtung Osten durch den El Dorado National Forest in die Berge der Sierra Nevada. Während es bereits zu dämmern begann, gruben sie ein flaches Grab.

José sagte zu den anderen: „Ich bin so wütend, dass ich sie immer noch weiter treten könnte." Die Männer legten sie in das Grab, schaufelten es wieder zu und frühstückten auf dem Heimweg in einem McDonald's.

―――――

Es war nicht ungewöhnlich, dass Gwen die ganze Nacht wegblieb. Doch als sie auch in der zweiten Nacht nicht nach Hause kam, meldete ihre Mutter sie als vermisst. Die Polizei nahm ihr Verschwinden zunächst nicht ernst, schließlich war sie transsexuell und dafür bekannt, längere Zeit wegzu-bleiben.

Ein Geheimnis zu bewahren, fällt bereits zwei Personen schwer. Dieses Geheimnis kannten sogar sieben Menschen. Es zu hüten, erwies sich schon bald als unmöglich. Nach zwei Tagen wurde Jaron Nabors so von Schuldgefühlen geplagt,

dass er mit jemandem darüber sprechen musste. Als ein
Freund ihn auf seine Niedergeschlagenheit ansprach, gestand
er ihm, was er und die drei anderen Männer getan hatten.

Jarons Freund ging zur Polizei und stimmte einer Abhörak-
tion zu, sodass sein nächstes Gespräch mit Jaron aufge-
zeichnet wurde. Darin belastete er sich selbst und wurde kurz
darauf verhaftet. Am 15. Oktober – elf Tage, nachdem sie
Gwen begraben hatten – führte Jaron Nabors die Polizisten zu
ihrer Leiche.

Michael Magidson, José Merél und Paul Merél wurden
verhaftet. Nachdem Nicole Brown und Emmanuel Merél
ausgesagt hatten, dass Paul das Haus vor dem Mord
verlassen hatte und nicht an den Gewalttaten beteiligt war,
wurde er freigelassen.

Während Jaron im Gefängnis saß, schrieb er seiner Freundin
von ihrem „Plan à la Soprano, die Schlampe zu töten und ihre
Leiche zu entsorgen". Die Ermittler fingen den Brief jedoch
ab, in dem auch Jason Cazares schwer belastet wurde, der
bisher nur als Zeuge gesehen wurde, nun aber ebenfalls
verhaftet wurde.

Jaron Nabors war der kooperativste der vier Verdächtigen
und bekannte sich nach vier Monaten hinter Gittern des frei-
willigen Totschlags für schuldig. Eine Verurteilung würde
eine elfjährige Haftstrafe nach sich ziehen, sofern er im
Prozess gegen die anderen drei aussagte. Andernfalls würde
die Anklage in Mord umgewandelt und seine Strafe verlän-
gert werden.

––––––

Während des Prozesses nannte der Staatsanwalt Gwen bei ihrem Geburtsnamen Eddie und argumentierte, dass die drei Männer bewusst ein Urteil gefällt hätten:

> „Eddie Araujos Täuschung kostete ihn das Leben."

Der Verteidiger nutzte dagegen eine Strategie, die in den USA als „Gay Panic Defense" bekannt ist, bei der behauptet wird, man habe wegen unerwünschter gleichgeschlechtlicher sexueller Annäherungsversuche in einem Zustand gewalttätiger, vorübergehender Unzurechnungsfähigkeit gehandelt und eine Körperverletzung oder einen Mord begangen. Er beharrte darauf, dass seine Klienten „über alle Maßen geschockt" gewesen seien, als ihnen klar wurde, dass sie Sex mit einem Mann gehabt hatten, und dass das kalifornische Recht allenfalls eine Anklage wegen Totschlags vorsehe, nicht aber wegen Mordes.

Obwohl Jaron Nabors gegen seine Freunde aussagte, gab er an, das Gefühl gehabt zu haben, dass Michael und José vergewaltigt worden seien. Araujo „hat sich nicht geoutet. Ich glaube, dass er sie zum homosexuellen Sex genötigt hat. Und nach meinem Verständnis ist es eine Vergewaltigung, wenn man zum Sex genötigt wird." Als die Staatsanwaltschaft ihn fragte, wie Gwen sie „genötigt" habe, antwortete er: „Durch Täuschung."

Nach neun Verhandlungstagen konnte sich die Jury nicht einigen, ob der Mord vorsätzlich begangen worden war. Obwohl die meisten Geschworenen Michael wegen Mordes ersten Grades verurteilen wollten, sprachen sich einige für einen Freispruch aus. Da sie kein einstimmiges Urteil fällen konnten, endete der Prozess ergebnislos.

———

Der zweite Prozess begann mehr als ein Jahr später im Mai 2005. Zu diesem Zeitpunkt hatte Gwens Mutter die Genehmigung erwirkt, ihren Namen posthum ändern zu lassen, sodass die Anwälte der Verteidigung von ihr als Gwen und nicht als Eddie sprechen mussten. Außerdem wurden alle drei Anklagen wegen Mordes ersten Grades um den Vorwurf des Hassverbrechens erweitert.

Während des zweiten Prozesses beschuldigten sich die drei Angeklagten gegenseitig. José behauptete, Jaron habe ihr mit der Schaufel auf den Kopf geschlagen und Michael habe sie gewürgt. Michael gab zu, sie gewürgt zu haben, und bestätigte, dass Jaron ihr auf den Kopf geschlagen hatte.

Nachdem drei Monate lang Zeugenaussagen zusammengetragen worden waren, wurden Michael Magidson und José Merél wegen Mordes zweiten Grades zu einer Strafe von fünfzehn Jahren bis lebenslänglicher Haft verurteilt. In der Anklage wegen Hassverbrechens wurden beide für nicht schuldig befunden.

Was die Anklage Jason Cazares' betraf, war sich die Jury erneut uneinig. Um ein drittes Verfahren zu vermeiden, erklärte er sich bereit, auf eine geringere Anklage wegen Totschlags zu plädieren. Er wurde zu sechs Jahren Gefängnis verurteilt, wobei ihm die bereits verbüßte Zeit angerechnet wurde.

———

In den Jahren nach Gwens Tod litt ihre Mutter an einer posttraumatischen Belastungsstörung und konnte ihren Beruf als Rechtsanwaltsgehilfin nicht länger ausüben. 2016 wurde sie obdachlos.

Der Mord an Gwen Araujo führte zu einer Änderung der Gesetze in Kalifornien und die Verwendung der Schwulen- oder Transsexuellen-Panik als Verteidigungsgrund wurde eingeschränkt. Inzwischen dürfen Angeklagte nicht mehr behaupten, zum Mord einer Person aufgrund deren Geschlechts oder sexuellen Orientierung provoziert worden zu sein.

———

Bis 2016 wurden Jason Cazares, Jaron Nabors und José Merél aus dem Gefängnis entlassen. Michael Magidson hingegen teilte seinem Bewährungsausschuss 2016 mit, dass er nicht bereit sei, entlassen zu werden, und seine Bewährung wurde abgelehnt. 2019 wurde sie ihm ein zweites Mal verweigert.

KAPITEL 4

EINE SEELE RETTEN

In einer klaren Oktobernacht im Jahr 1958 warf der fünfzehnjährige Carl Eder ein Seil aus seinem Schlafzimmerfenster im zweiten Stock, kletterte an ihm hinunter und verschwand in einer dunklen Vorstadt von Rochester, New York.

Den nächsten Monat verbrachte Eder damit, per Anhalter durch das Land zu reisen, und landete schließlich in der Gegend von San Diego. Als Kind deutscher Einwanderer der ersten Generation kannte er sich mit Schreinerarbeiten aus und hatte seinem Vater oft bei Aufträgen geholfen. Doch aufgrund seines Alters war es schwer, eine Arbeit zu finden.

Der 1,80 m große Junge überquerte die südliche Grenze der Vereinigten Staaten nach Tijuana, Mexiko, wo er einen Laden fand, in dem man ihm einen gefälschten Ausweis anfertigte. Eder bezahlte für seinen neuen Pass, nannte sich nun „Charles Harrison" und fuhr zurück nach San Diego.

Da er immer noch keine Arbeit finden konnte, schlief Eder in einer Umkleidekabine des Mission Beach Ballroom. Zu diesem Zeitpunkt lernte er den neununddreißigjährigen Tom Pendergast kennen.

———

Tom Pendergast war ein religiöser Mann. Als Jugendlicher hatte er einige Zeit in der Besserungsanstalt verbracht, nachdem man ihn und seine Freunde auf einer Spritztour mit einem gestohlenen Auto erwischt hatte. Nach dieser Erfahrung machte er es sich zur Lebensaufgabe, jungen Männern zu helfen, nicht auf die schiefe Bahn zu geraten, sondern ihren Weg im Leben zu finden.

Im Laufe der Jahre hatte Tom versucht, vier kleine Jungen zu „retten". Er hatte sie in sein Haus in El Cajon, etwas östlich von San Diego, gebracht und stellte seiner Frau und seinen Kindern vorgestellt. Er hatte ihnen Essen und einen Platz zum Schlafen gegeben und ihnen bei der Arbeitssuche geholfen. Seine Bemühungen waren jedoch nicht immer erfolgreich gewesen. Einmal hat ihn ein Junge, den er in sein Haus gelassen hat, ausgeraubt und war auf Nimmerwiedersehen verschwunden. Doch auch das hatte Tom nicht abgeschreckt. Er glaubte, dass Gott eine Aufgabe für ihn hatte, und er war fest entschlossen, diese zu erfüllen.

In einer stürmischen Nacht fuhr Tom Pendergast von der Arbeit nach Hause, als er den pickelgesichtigen Carl Eder am Straßenrand trampen sah. Er hatte Mitleid mit dem Jungen, weil er auf den ersten Blick erkannte, dass er von zu Hause weggelaufen war, auf die schiefe Bahn zu geraten drohte und Hilfe brauchte. Tom bot ihm an, ihn mitzunehmen, und Eder stellte sich als Charles Harrison vor. Am Ende der Fahrt lud Tom Eder zu sich nach Hause ein, wo er zu Abend aß und einen Platz für die Nacht fand.

Die Familie Pendergast nahm Eder auf und war mehr als glücklich, ihn in einem Haus auf ihrem Grundstück wohnen zu lassen, während er nach Arbeit suchte. Lois Pendergast kochte jeden Abend das Abendessen für Eder, Tom und ihre vier kleinen Kinder Diane, Allen, Thomas Jr. und David.

Sechs Wochen waren vergangen und Eder hatte immer noch keine Arbeit gefunden. Tagsüber saß er zu Hause, während sich Mrs. Pendergast um die beiden jüngsten Kinder kümmerte und Tom als Flugzeugmechaniker arbeitete. Die beiden ältesten Jungen gingen bereits in der Schule.

Am frühen Nachmittag des 15. Dezember 1958 ärgerte sich Eder über die vierjährige Diane Pendergast – ein lebhaftes Mädchen, das ständig spielen wollte. Als Eder ihr sagte, es sei Zeit für ein Nickerchen, protestierte sie, wie es jede Vierjährige tun würde. Sie sprang auf dem Bett herum, rannte durch das Zimmer und sang. Doch Eder hatte genug davon. Er packte das Mädchen und warf es auf den Boden. Als sein Kopf auf dem Boden aufschlug, knackte es und Diane war auf der Stelle tot.

In dem Moment kam die neununddreißigjährige Lois Pendergast in das Zimmer gestürmt und schrie: „Du hast sie umgebracht! Du hast sie umgebracht!"

Eder geriet in Panik. Er rannte in die Garage, in der sein Koffer stand, schnappte sich seine Pistole Kaliber .38 und lud sie. Dann lief er zurück ins Haus und gab zwei Warnschüsse ab. Als Mrs. Pendergast zu schreien begann, schoss er ihr in die linke Brust. Als sie auf dem Boden lag, setzte er ihr die Waffe an die linke Schläfe und drückte erneut ab.

Dann rannte er zurück in die Garage und holte ein zehn Zoll langes Jagdmesser aus seinem Koffer. Zurück im Haus fand er den zweijährigen Allen Pendergast weinend auf dem Boden. Er nahm das Messer und schlitzte ihm die Kehle auf. Dann schlitzte er Dianes Kehle auf, um sicherzugehen, dass sie wirklich tot war, schleifte Dianes und Allens Leichen ins Badezimmer und legte sie aufeinander. Dann schleppte er Mrs. Pendergasts Leiche hinterher und legte sie neben ihre Kinder.

Die nächste Stunde wartete Eder im vorderen Schlafzimmer des Hauses darauf, dass die beiden älteren Jungs aus der Schule kamen. Der sechsjährige Thomas Jr. kam als Erster nach Hause. Als er zur Haustür hereinkam, packte Eder ihn, aber der Junge konnte sich aus seinem Griff lösen und rannte in die Garage. Doch Thomas war kein Gegner für den großen, schlaksigen Eder. Er bekam ihn zu packen, schlitzte ihm die Kehle auf und weidete ihn aus, als wäre er ein Reh.

Kaum war kurz darauf der neunjährige David durch die Haustür gekommen, schnitt Eder ihm die Kehle durch und zerteilte seinen Torso vom Bauchnabel bis zum Brustkorb. Dann ließ er die fünf Leichen im Haus zurück, setzte sich auf die Treppe der Veranda und wartete darauf, dass Tom von der Arbeit nach Hause kam.

Als Pendergast vor dem Haus parkte, ließ Eder ihm keine Zeit, aus dem Fahrzeug auszusteigen. Er richtete seine Pistole auf ihn, stieg auf der Beifahrerseite des Autos ein und sagte ihm, er solle losfahren. Zwei Stunden lang zwang Eder Tom, wahllos durch die Straßen von San Diego zu fahren, ohne ihm zu sagen, was er seiner Familie angetan hatte.

Als sie die Gegend um Mission Beach erreichten, forderte Eder Tom auf, an einer Tankstelle zu halten, und zwang ihn mit vorgehaltener Waffe in die Herrentoilette. Er wies ihn an, sich auszuziehen. Tom blieb keine Wahl als sich zu fügen. Doch als Eder seine eigene Kleidung ablegte und Toms anzog, griff er ihn an und entriss ihm die Waffe. Eder floh aus der Toilette und rannte die Straße hinunter.

———

Tom war mit dem Leben davongekommen, hatte jedoch keine Ahnung, was ihn bei seiner Rückkehr nach Hause erwartete. Als er die Haustür öffnete, fand er zunächst seinen ältesten Sohn, David, ausgeweidet auf dem Wohnzimmerboden und schließlich seine Frau und die beiden jüngsten Kinder im Badezimmer. Tom schrie, hob die Leiche seiner Frau hoch und trug sie in den Flur. Schockiert und ungläubig schloss er sie in seine Arme und weinte. Schließlich fand er Thomas Jr. abgeschlachtet in der Garage.

Als die Polizei eintraf, lag Tom weinend im Vorgarten, immer noch unter Schock und blutüberströmt. Doch er war gefasst genug, um den Detectives von Carl Eder zu erzählen, den er als Charles Harrison kannte.

Die Polizei wusste nicht, ob sie seine Geschichte glauben sollte oder nicht. Tom hatte die Waffe und sie war blutverschmiert. Was er erzählte, schien zu außergewöhnlich, um wahr zu sein, doch die Beamten bemerkten, dass die Hose, die er trug, viel zu groß für ihn war – Tom Pendergast war 1,70m groß, Eder 1,80m. Also gingen sie davon aus, dass an seiner Geschichte etwas dran sein könnte, und alarmierten alle umliegenden Strafverfolgungsbehörden und die Medien, um nach einem Verdächtigen Ausschau zu halten, auf den Eders Beschreibung passte. Sie wussten auch, dass er Toms Kleidung trug und dass die Hose viel zu kurz für ihn war.

Tom wurde in die psychiatrische Abteilung des Bezirkskrankenhauses gebracht, da man ihn für suizidgefährdet hielt. Als die Ärzte ihn wieder entließen, wurde er zur Polizeiwache gebracht, wo er sich mehreren Lügendetektortests und Befragungen unterzog. Tom berichtete den Ermittlern: „Ich habe versucht, eine Seele zu retten", als er Eder in sein Haus aufnahm. Nach einem siebenstündigen Verhör glaubten ihm die Beamten schließlich und intensivierten die Suche nach Carl Eder.

Die Polizei durchsuchte die Canyons rund um San Diego zu Pferd und mit Hubschraubern, während aus der Bevölkerung Hunderte von Hinweisen eingingen. Es galt als wahrscheinlich, dass Eder erneut die Grenze überquert hatte und nach

Mexiko geflohen war. Dennoch wurde befürchtet, dass er eine andere Familie als Geisel genommen haben könnte, weshalb die Polizei Hunderte von Haus-zu-Haus-Befragungen durchführte, um ihn zu finden. Der einzige Hinweis, den sie hatten, war sein blutiges T-Shirt, das eine Meile von der Tankstelle entfernt gefunden wurde, von der er geflohen war.

Drei Tage nach den Morden tauchte Eder in Mission Beach auf und versuchte, sich vor den Behörden zu verstecken. Er schaffte es, ein Brot und einen Hamburger zu kaufen, doch als ein Mann ihn an seinem Haus entlanggehen sah, erkannte er sofort die viel zu kurze Hose, die er trug. Er rannte zum Haus seines Nachbarn, der Polizist in San Diego war.

Noch im Schlafanzug schwang sich der Beamte auf sein Fahrrad und fuhr in die Richtung, in die Eder gelaufen war. Er holte Eder in einem Vergnügungszentrum in Mission Beach ein, das über den Winter geschlossen worden war. Eder hatte dort in den letzten drei Tagen im Toilettenraum geschlafen. Als der Beamte ihn stellte, behauptete er, keinen Ausweis zu haben, übergab ihm aber eine Geschworenenvorladung mit dem Namen Max Turner. Der Polizist glaubte ihm nicht und sagte, „Sie sind Carl Eder", worauf Eder keinen Widerstand leistete und sagte: „Ja, das bin ich."

Tom Pendergast war auf der Polizeiwache, als der verhaftete Carl Eder hereingeführt wurde. Tom schrie: „Warum hast du das getan?! Warum hast du das getan?!"

Nach einem kurzen Schweigen antwortete Eder leise: „Ich wollte das nicht, Tom."

Während des Verhörs gab Eder unumwunden zu, die Familie getötet zu haben: „Ja, ich habe sie alle umgebracht. Der Lärm der Kinder hat mich genervt. Dann bin ich wohl durchgedreht." Er erzählte, wie er ein Familienmitglied nach dem anderen abgeschlachtet hatte. Auf die Frage, warum er Tom

Pendergast nicht getötet hatte, antwortete er: „Ich wollte ihn nicht töten. Er war wirklich gut zu mir."

———

Obwohl er zur Zeit der Morde erst sechzehn Jahre alt war, wurde Eder vor das Erwachsenengericht gestellt. Da er aber noch ein Jugendlicher war, kam die Todesstrafe nicht infrage. Zunächst plädierte er auf unschuldig, bis sein Verteidiger ihn davon überzeugte, sich schuldig zu bekennen.

In der Hoffnung, dass dies seine Strafe mildern würde, erklärte sein Anwalt vor der Urteilsverkündung, dass sein Mandant eine psychiatrische Behandlung beginnen wollte. Eder wurde zu fünf lebenslangen Haftstrafen verurteilt, von denen drei gleichzeitig und zwei nacheinander verhängt wurden. Nach nur sieben Jahren würde er Bewährung beantragen können.

Als er das Gerichtsgebäude verließ, sagte Tom Pendergast zu ihm: „Ruhe in Frieden dort, Carl. Vergiss das nicht."

Den Reportern erklärte er: „Ich denke nicht, dass er jemals entlassen werden sollte. Ich glaube nicht, dass man seine Taten damit entschuldigen kann, dass er meine Frau und meine vier Kinder getötet hat, weil er geistig krank ist. Er ist einfach böse. Es war vorsätzlicher Mord. Carl empfindet keine Reue."

———

In den nächsten fünfzehn Jahren zog Carl Eder im kalifornischen Strafvollzugsministerium von Gefängnis zu Gefängnis. Einmal saß er nur wenige Zellen vom berüchtigten Glamour-Girl-Mörder Harvey Glatman entfernt ein (von dem in Band 2 meiner „True Crime"-Serie berichtet wurde).

1971 wurde er in das California Correctional Institution in Tehachapi verlegt, ein Gefängnis mit geringer Sicherheitsstufe und 1.200 Insassen. Dort erlaubte man ihm stundenweise, unbeaufsichtigt außerhalb der Haftanstalt zu arbeiten. Drei Jahre lang arbeitete Eder ohne Zwischenfälle in einem landwirtschaftlichen Betrieb, bis er eines Tages verschwand.

Im Oktober 1974, als er zweiunddreißig Jahre alt war, arbeitete Eder völlig unbeaufsichtigt auf einem Bauernhof, als er einfach davonlief. Das Personal, das auf der Farm angestellt war, hat sein Verschwinden mindestens fünfundsiebzig Minuten lang nicht bemerkt.

Carl Eder trug noch immer seine Gefängniskleidung und war auf der Flucht. Als Gefängnisbeamte seine Zelle durchsuchten, fanden sie einen Zettel, auf dem stand: „Ich habe lange genug gesessen und gehe jetzt."

Während seiner Haft hatte Eder Kontakt zu einigen extremistischen Gruppen gesucht, darunter weiße Rassisten, gesetzlose Motorradgruppen, die Venceremos Brigade und die Symbionese Liberation Army. Es wurde vermutet, dass ihn eine dieser Gruppen bei seiner Flucht unterstützt hatte.

Über Jahre hinweg versuchten die Behörden, ihn aufzuspüren. Er wurde sogar in die Sendung „America's Most Wanted" erwähnt und eine Belohnung von 20.000 Dollar auf ihn ausgesetzt, aber er schien wie vom Erdboden verschluckt zu sein. Es hieß, er sei in Calistoga und St. Helena, Kalifornien, gesichtet worden, doch die Polizei konnte ihn nicht fassen. Zum jetzigen Zeitpunkt wäre Eder fast achtzig Jahre alt. Die Behörden vermuten, dass er entweder das Land verlassen hat oder von einer seiner extremistischen Gruppen getötet wurde.

KAPITEL 5
DAS MONSTER VON JACKSONVILLE

An einem Sonntagmorgen im Jahr 1992 ging die dreizehnjährige Kerri Anne Buck in Richtung des Hauses ihrer Freundin durch ihr Vorstadtviertel in Jacksonville, Florida, als sie das leise Rumpeln eines Fahrzeugs hörte, das hinter ihr anhielt. Kerri Anne drehte sich um und sah einen weißen Lieferwagen mit getönten Scheiben, der langsam neben ihr herfuhr.

Das Fenster auf der Beifahrerseite wurde heruntergekurbelt und der Fahrer, ein Mann in den Dreißigern, rief: „Kennst du Susie?" Kerri Anne antwortete „Nein" und ging weiter. Der Mann fuhr langsam neben ihr her und fragte: „Gehst du auf die Southside Middle School?" Seine Stimme klang für das junge Mädchen wütend. Wieder antwortete sie mit einem Nein, was eine Lüge war.

Der Mann war ein Fremder. Und Kerri Anne wusste, dass sie nicht mit Fremden sprechen sollte. Da hielt der Mann den Van an und schrie:

„Steig verdammt noch mal in den Van!"

Kerri Anne rannte die Straße hinunter, so schnell sie konnte. Als sie das Haus ihrer Freundin erreichte und an die Tür hämmerte, antwortete niemand. Da sie die Gegend gut kannte, lief sie weiter zu einem großen Park. Der Mann verfolgte sie. In der Grünanlage fand Kerri Anne einen Spielplatz, auf dem eine Kinderrutsche in Form einer Röhre stand. Sie kletterte die Leiter hinauf, rutschte die Hälfte der Strecke hinunter, bevor sie anhielt und sich an den Wänden der Rutsche verkeilte.

Kerri Anne konnte hören, wie der Mann den Bereich um den Spielplatz betrat, während sie sich immer fester gegen das Blech drückte und versuchte, nicht aus der Röhre herauszurutschen. Sie hörte ihn grunzen:

> „Ich weiß, dass du da drin bist, du kleine Schlampe. Ich werde dich finden."

Sie wartete eine gefühlte Ewigkeit, bis sie endlich den Mut aufbrachte, hinaus zu spähen. Er war weg. Für den Moment war Kerri Anne in Sicherheit und sie rannte, so schnell sie konnte, nach Hause.

In den nächsten Tagen waren Kerri Anne und ihre Eltern sehr nervös und das Mädchen hatte Angst, das Haus zu verlassen. Ein paar Wochen später bemerkte Mrs. Buck einen seltsamen weißen Lieferwagen, der vor ihrem Haus parkte. Sie rief ihre Tochter ans Fenster, die bestätigte, dass es der Wagen des Mannes war, der sie entführen wollte. Die Mutter notierte sich das Nummernschild und informierte die Polizei.

Der Besitzer des Transporters war der sechsunddreißigjährige Donald Smith. Und es war nicht das erste Mal, dass Smith mit dem Gesetz in Konflikt geriet. Seit den 1970er Jahren war er wiederholt wegen Sexualdelikten zu Gefängnisstrafen verurteilt worden. Als registrierter Sexualstraftäter wurde Smith umgehend verhaftet und zu sechs Jahren Gefängnis wegen der versuchten Entführung von Kerri Anne Buck verurteilt.

Doch das Gefängnis schreckte ihn nicht ab. Als er in den späten Neunzigern entlassen wurde, verging er sich weiterhin an Kindern. Seine Besessenheit war unersättlich. In den nächsten fünfzehn Jahren wurde er immer wieder für Verbrechen wie dem Verkauf pornografischen Materials, Voyeurismus und öffentlicher Masturbation bis hin zu schwerem Kindesmissbrauch verurteilt.

2009 wurde er angeklagt, sich als Angestellter des öffentlichen Dienstes ausgegeben und sich der schweren Kindesmisshandlung durch vorsätzliche Folter schuldig gemacht zu haben. Er hatte am Telefon behauptet, ein Mitarbeiter des Jugendamtes zu sein, einem zehnjährigen Mädchen sexuell eindeutige Fragen gestellt und gedroht, ihm etwas anzutun.

Nachdem er keine fünfzehn Monate im Jackson County Jail für das Verbrechen verbüßt hatte, wurde der Wiederholungstäter am 31. Mai 2013 wieder entlassen.

———

Rayne Perrywinkle hatte harte Zeiten hinter sich – aber andererseits waren die Zeiten für Rayne immer hart. Obwohl sie ihre erstgeborene Tochter zwanzig Jahre zuvor zu Verwandten nach Australien gegeben hatte, tat sie ihr Bestes, um ihre drei jüngsten Töchter in Jacksonville alleine großzuziehen.

Die achtjährige Cherish Perrywinkle war die älteste Tochter, die bei Rayne lebte. Rayne hatte eine sehr kurze Beziehung zu Cherishs Vater, Billy Jarreau, gehabt. Offen gesagt, war es ein One-Night-Stand gewesen. Sie hatte 2003 als Stripperin gearbeitet und in ihrem Club in Jacksonville Billy, einen frisch geschiedenen Navy-Offizier, kennengelernt. Nach einigen

Abenden des Lapdances überzeugte Billy sie davon, mit ihm nach Hause zu gehen, und neun Monate später wurde Cherish geboren. Anfangs bestritt Billy seine Vaterschaft, sollte sie jedoch bewiesen werden, wäre er bereit, für das Mädchen zu sorgen. Schließlich bestätigte ein gerichtlich angeordneter Vaterschaftstest, dass er Cherishs Vater war, und er unterstützte sie fortan nicht nur finanziell.

Trotz der Alimente hatte Rayne weiterhin Mühe, ihr Leben auf die Reihe zu kriegen. Sie bekam zwei weitere Mädchen von einem anderen Mann, heiratete aber nie. Billy glaubte, dass Cherish bei ihm in Kalifornien besser aufgehoben wäre, und versuchte mehrmals, das Sorgerecht zu bekommen, scheiterte aber jedes Mal. Rayne stimmte jedoch zu, dass ihre Tochter die Sommer bei ihrem Vater in Kalifornien verbrachte.

———

Am 21. Juni 2013 bereitete sich Rayne widerwillig darauf vor, Cherish für den Sommer nach Kalifornien zu schicken. Der Flug war für den nächsten Tag geplant, und Rayne ging mit ihren drei Töchtern in den Dollar General Store, um Cherish ein paar Kleidungsstücke für die Reise zu besorgen. Sie kauften über eine Stunde lang in dem Geschäft ein, ohne zu wissen, dass der einundsechzigjährige Donald Smith sie aus der Ferne beobachtete.

Rayne und Cherish fanden ein schwarz-weißes Kleid mit Herzen, das ihnen gut gefiel. Doch als Rayne die Kassiererin nach dem Preis fragte, stellte sie fest, dass ihr Geld nicht reichte, um es zu kaufen und am nächsten Tag ein Taxi zum Flughafen zu bezahlen.

Donald Smith war nur wenige Minuten zuvor in den Laden gekommen und hatte die Kassiererin nach Zeitungen für Erwachsene gefragt. Als Smith hörte, wie die junge Mutter der Kassiererin erklärte, dass sie sich das Kleid nicht leisten konnte, wurde er aufmerksam. Ihm wurde bald klar, dass Rayne niedergeschlagen war und kaum für ihre Töchter sorgen konnte.

Als Rayne und die Mädchen den Laden verließen, sprach Smith Rayne vor der Tür an: „Wenn Sie das Kleid wirklich haben wollen, werde ich es für Sie besorgen. Sie sehen aus, als hätten Sie ziemlich viel um die Ohren. Ich habe selbst kleine Kinder."

Auf den ersten Blick schien er harmlos zu sein. Nur ein älterer Herr – ein barmherziger Samariter. Rayne konnte nicht wissen, dass er ein geistesgestörtes Raubtier war, das vor drei Wochen aus dem Gefängnis entlassen worden war.

Smith stellte sich als Don vor und behauptete, dass er auf seine Frau warte. Sie hätte einen Walmart-Geschenkgutschein im Wert von 150 Dollar, den er ihr geben wolle, damit sie Cherish ein paar Kleider kaufen könne. Rayne unterhielt sich nicht gern mit einem völlig Fremden, aber er erzählte ausführlich von seinen eigenen kleinen Kindern und seiner Frau – die es in Wirklichkeit natürlich nicht gab. Er gab vor, für die Wohltätigkeitsorganisation Habitat for Humanity zu arbeiten – eine weitere Lüge.

Als Rayne meinte, dass sie nach Hause müsse, um Cherish für ihren Flug fertig zu machen, sagte er ihr, sie solle sich nur noch kurz gedulden. Seine Frau würde jeden Moment auftauchen. Er griff in seine Tasche, zog sein Handy heraus und tat so, als würde er telefonieren. Anschließend log er: „Das war meine Frau. Wir treffen uns im Walmart."

Der Walmart war zehn Minuten entfernt und Rayne besaß kein Auto. Sie müsste also mit dem Taxi dorthin fahren, aber natürlich bot Smith an, sie in seinem Van mitzunehmen. Da sie sich immer noch unwohl fühlte, lehnte sie zunächst ab, doch er beharrte darauf, dass er keine Bedrohung wäre.

„Wollen Sie vielleicht meinen Führerschein sehen?" Er tat sein Bestes, um ihr das Gefühl zu geben, dass sie paranoid sei, und so nahm sie schließlich sein Angebot an.

Gegen 21:00 Uhr betraten Rayne und die Mädchen den Walmart, während Smith einen weiteren Anruf vortäuschte. Dann erzählte er, dass seine Frau angerufen hätte und die beiden sie nach dem Einkaufen gerne zum Abendessen einladen würden, was Rayne aber ablehnte. Sie wollte nur den Geschenkgutschein für ihre Kinder bekommen und dann nach Hause gehen.

Cherish probierte über anderthalb Stunden lang Kleider an, während Rayne die Sachen der Mädchen in ihren Einkaufswagen legte. Der einzige Gegenstand, den Smith in den Wagen legte, war ein Seil, das er in der Eisenwarenabteilung gekauft hatte. Während er den Mädchen beim Einkaufen zusah, war Rayne schockiert, als Cherish ein Paar Damenschuhe mit hohen Absätzen anprobieren wollte.

Sie erklärte ihr: „Nein, das sind keine Kinderschuhe! Woher hast du die?" Cherish antwortete: „Don wollte, dass ich sie anprobiere." Also sagte Rayne zu ihm: „Das sind High Heels für Frauen! Nicht einmal ich würde so hohe Absätze tragen!"

Nachdem sie fast zwei Stunden lang eingekauft hatten, war Smiths Frau immer noch nicht aufgetaucht. Jedes Mal, wenn Rayne nach ihr fragte, antwortete er nur, dass sie „auf dem Weg" wäre. Um 22:30 Uhr gab Walmart bekannt, dass der Laden in dreißig Minuten schließen würde. Inzwischen waren die Mädchen müde und hatten Hunger.

Smith hielt seine Hand neben das Gesicht, imitierte eine Sockenpuppe und sagte zu den Mädchen: „Ich gehe zu McDonald's. Was wollt ihr essen?" Alle Mädchen schrien „Cheeseburger!"

Also ging Smith in Richtung des McDonald's Restaurants, das sich am Vordereingang des Walmarts befand, und Cherish folgte ihm. Zunächst war Rayne besorgt, doch Smith hatte den ganzen Abend damit verbracht, ihr das Gefühl zu geben, überfürsorglich zu sein. Sie wusste, dass es überall im Laden Sicherheitskameras gab und glaubte, dass er keine Chance hätte, mit ihrer Tochter zu verschwinden. Ihr besseres Urteilsvermögen ignorierend, ließ sie Cherish dem Mann folgen, den sie erst vor wenigen Stunden kennengelernt hatte.

Da sie wussten, dass der Laden bald schloss, beendeten Rayne und ihre beiden Töchter ihren Einkäuf und schoben den Einkaufswagen in Richtung Vorderausgang. Als sie am McDonald's Restaurant ankamen, waren Cherish und Donald Smith nirgends zu finden. Hastig fuhr Rayne mit dem Wagen durch den Laden und sah in jedem Gang nach ihrer Tochter. Während sie an den leeren Gängen vorbeikam, schlug ihr Herz immer schneller. Mit jedem Schritt geriet sie mehr und mehr in Panik.

Als Walmart ankündigte, dass sie nun schließen würden und sie ihre Tochter nicht finden konnte, übermannte sie die Panik. Rayne war verzweifelt und bat die Walmart-Mitarbeiter um Hilfe: „Rufen Sie die Polizei, meine Tochter ist entführt worden!" Rayne besaß kein eigenes funktionierendes Telefon, aber die Angestellten nahmen sie nicht ernst. Der Laden war riesig und sie glaubten, dass das junge Mädchen sei einfach verloren gegangen sei.

Rayne wurde noch panischer. Sie sah sich im Laden und auf dem Parkplatz um, aber es gab keine Spur von ihrer Tochter oder Smiths weißem Van. Es war nach 23:00 Uhr, der Laden hatte geschlossen und Rayne hatte ihre Tochter dreißig Minuten lang nicht mehr gesehen, bis ein Mitarbeiter ihr endlich ein Handy lieh.

Während des herzzerreißenden Notrufs erzählte Rayne, was passiert war, und die Polizei eilte zum Tatort:

„… Ich hatte die ganze Zeit ein schlechtes Gefühl. Ich wollte mich schon kneifen, weil es zu schön war, um wahr zu sein. Also bin ich zur Kasse gegangen und er war nicht da. Hoffentlich vergewaltigt er sie nicht, denn das ist mir schon mal passiert. Ich verstehe nicht, warum er mit ihr verschwunden ist. Es sei denn, er wollte sie vergewaltigen und töten – das ist der einzige Grund. Und ich verschwende meine Zeit damit, hier herumzustehen!"

Rayne war so verzweifelt, dass sie sich nicht einmal daran erinnern konnte, was ihre Tochter an diesem Tag getragen hatte. Im Laufe der Nacht beschrieb sie der Polizei Smiths Lieferwagen und sein Aussehen. Anhand der Beschreibung und der Überprüfung der lokalen Sexualstraftäterregistrierung wusste die Polizei schnell, dass sie nach Donald Smith suchte. Um 4:00 Uhr morgens wurde eine Vermisstenmeldung herausgegeben und am nächsten Morgen in ganz Jacksonville nach Cherish, Smith und seinem weißen Van gesucht.

Kurz nach 7:00 Uhr erhielt die Polizei den Anruf einer Frau aus dem Norden der Stadt. Sie hatte einen weißen Lieferwagen gesehen, der an einer merkwürdigen Stelle geparkt war, versteckt in den Büschen hinter einer Kirche. Er kam ihr verdächtig vor, weil er so tief im Gebüsch stand. Sie vermutete, dass jemand etwas in den Büschen entsorgt hatte, doch als die Polizei eintraf und die Gegend durchkämmte, fand sie nichts.

Smith lebte bei seiner Mutter. Die Polizei war bereits bei ihr zu Hause gewesen, aber sie behauptete, nicht zu wissen, wo er steckte. Nachdem sie das Haus verlassen hatten, erhielten die Beamten den Anruf eines Mannes, der ein Zimmer im Haus der Smiths gemietet hatte. Er erzählte ihnen, dass er Smith am Vortag geholfen hatte, die mittlere Sitzreihe aus

seinem Van zu entfernen. Er behauptete außerdem, dass
Smith ihm erzählt habe, dass er sich im Wald in der Nähe
eines Obdachlosenlagers in der Gegend verstecken würde,
falls er jemals vor der Polizei fliehen müsste. Er kenne jemanden, der seit achtundzwanzig Jahren im Lager lebe, ohne dass
die Polizei ihn je erwischt habe.

Jede Abteilung der umliegenden Strafverfolgungsbehörden
war auf der Suche nach Smiths weißem 1998er weißem
Dodge Van, und es dauerte nicht lange, bis sie ihn fanden.
Noch am Vormittag wurde Smith angehalten und verhaftet …
doch von Cherish fehlte jede Spur. Als der verhaftende
Beamte bemerkte, dass seine Hose klatschnass war, rief er
seinen Kollegen zu: „Oh mein Gott, sie ist im Wasser!"

Die Polizei eilte zurück zur Highlands Baptist Church. Der
Verdacht der ersten Anruferin erwies sich als richtig. Derselbe
Beamte, der Smith verhaftet hatte, fand die Leiche der acht-
jährigen Cherish Perrywinkle eingeklemmt unter einem
Baum in einem sumpfigen Feuchtgebiet hinter der Kirche. Sie
war mit Asphaltbrocken beschwert und mit Gras und Ästen
verdeckt worden. Das Mädchen trug immer noch das leuchtend orangefarbene Kleid mit einem Fruchtmuster darauf,
doch ihre Unterwäsche und die lila Flip-Flops wurden nie
gefunden.

Das siebenundsechzig Pfund schwere Mädchen war geknebelt, vergewaltigt und stundenlang gequält worden, bevor es
mit einem Kleidungsstück zu Tode stranguliert wurde. Durch
die massive Wucht des Traumas hatten ihr Zahnfleisch, ihre
Nasenlöcher und ihre Augen geblutet. Ein forensischer Pathologe, der Cherishs Leiche untersuchte, sagte später vor
Gericht: „Sie hatte so viele Traumata erlitten, dass ihr Körper
völlig entstellt war."

Der Prozess gegen Donald Smith begann erst im Februar 2018, fast fünf Jahre später. Ihm drohte die Todesstrafe, falls er für schuldig befunden werden. Die Verhandlung wurde unglaublich emotional, als Rayne Perrywinkle von dem schrecklichen Abend erzählte. Der Jury wurden Fotos des jungen Mädchens gezeigt, bei denen sie laut keuchen und die Augen schließen mussten. Manche Geschworenen begannen zu weinen. Selbst Smith wandte sich ab und konnte sich die Autopsiefotos von Cherish nicht ansehen.

Die Aufnahmen der Walmart- und Dollar-General-Sicherheitskameras ließen nur wenig Zweifel an seiner Schuld aufkommen. Auf die Frage, ob die Verteidigung Rayne ins Kreuzverhör nehmen wolle, sagte Smith:

> „Ich will nicht, dass sie etwas durchmacht, was sie nicht durchmachen muss. Ich bin erledigt."

Die Geschworenen brauchten nur fünfzehn Minuten, um Donald Smith wegen Entführung, Vergewaltigung und Mord zu verurteilen. In der Woche nach seiner Verurteilung wurde die Jury gefragt, ob er lebenslang im Gefängnis sitzen oder hingerichtet werden sollte, da die neuen Verfassungsrichtlinien eine einstimmige Entscheidung verlangten. Alle Geschworenen stimmten für die Todesstrafe.

Bei der Urteilsverkündung sagte Richterin Mallory Cooper mit gebrochener Stimme:

> „Donald Smith, Sie haben nicht nur Ihr Recht verwirkt, unter uns zu leben, Sie haben auch das Recht verwirkt, überhaupt zu leben. Möge Gott Ihrer Seele gnädig sein."

———

Nach dem Verlust ihrer Tochter waren Rayne Perrywinkles Sorgen noch nicht vorbei. Die Öffentlichkeit verurteilte sie und warf ihr vor, ihr Kind mit Smith allein gelassen zu haben. Einige Leute behaupteten sogar, sie wäre in irgendeine Form von Menschenhandel verwickelt. Wenig hilfreich war zudem, dass während einer eidesstattlichen Aussage bekannt wurde, dass Rayne meinte, eine Hellseherin zu sein und eine Vision gehabt zu haben, dass ihre Tochter im Alter von acht Jahren sterben würde.

Nach Cherishs Tod konnte Rayne die extreme Trauer angesichts des traumatischen Ereignisses, gepaart mit den Vorwürfen der Öffentlichkeit, nicht abschütteln. Sie verlor jeden Job, den sie bekam, wobei sie oft eine Absage bekam, weil alle ihren Namen kannten.

Der Staat Florida gab ihr zwölf Monate Zeit, um zu zeigen, dass sie für ihre beiden anderen Töchter sorgen konnte. Doch das reichte nicht. Schließlich wurden die neunjährige Destiny und die siebenjährige Nevaeh notgedrungen von Raynes Schwester Lindsay adoptiert und leben inzwischen bei ihr in Australien.

KAPITEL 6

TOD IM WASSER

Zu sagen, das Leben auf ihrem 300 Morgen großen Milchviehbetrieb sei „arbeitsreich", wäre eine grobe Untertreibung. Es war anstrengend. Hal und Jo Rogers arbeiteten fast jeden Tag ihres Erwachsenenlebens quälend lange Stunden auf ihrer Farm im Nordwesten Ohios. Die beiden waren – gelinde gesagt – ein hart arbeitendes Ehepaar.

Sie waren schon seit der Highschool zusammen und hatten nur wenige Monate nach dem Schulabschluss geheiratet und sofort eine Familie gegründet. Michelle wurde als Erste geboren. Drei Jahre später kam Christe.

Im Laufe der Jahre übertrugen sie den Mädchen Aufgaben auf dem Hof wie die Versorgung der Kühe. Christe war ein Papakind und begleitete ihren Vater bei der Arbeit, so oft sie konnte. Obwohl die Kinder das Leben auf der Farm liebten, zermürbte die tagtägliche Monotonie und harte Arbeit ihre Mutter Jo im Laufe der Jahre.

Hal besaß und bearbeitete die Farm gemeinsam mit seinem jüngeren Bruder John, der in einem kleinen Wohnwagen auf dem Grundstück lebte. Aber John war ein seltsamer Vogel. Er trug Militärkleidung und erzählte oft Lügengeschichten über seine nicht vorhandene Arbeit bei der CIA und dem Secret Service.

Doch dann wurde John im März 1988 von einer Frau, die mit ihm in seinem Wohnwagen lebte, der Vergewaltigung beschuldigt. Sie sagte der Polizei, ihr Peiniger habe eine Maske getragen, sie mit Handschellen gefesselt, ihr die Augen verbunden und sie vergewaltigt, während er ihr ein Messer an die Kehle gehalten habe. Sie habe John jedoch trotz Maske an seiner Stimme erkannt. Außerdem gab sie an, dass er den Missbrauch gefilmt hatte.

Als Polizisten den Wohnwagen mit einem Durchsuchungsbe-fehl betraten, fanden sie eine Aktentasche mit einem Video-band der Vergewaltigung, genau wie die Frau behauptet hatte. Doch der Koffer enthielt noch mehr als das.

Die Ermittler fanden Fotos der damals sechszehnjährigen Michelle. Sie war nackt, ihre Augen waren verbunden und Hände und Füße mit einem Seil gefesselt. Sie entdeckten außerdem Audiobänder, auf denen Michelle schrie, dass ihr Onkel John sie gehen lassen solle.

Als das Mädchen damit konfrontiert wurde, bestätigte es die Vergewaltigung und sagte aus, dass John sie seit über zwei Jahren vergewaltige. Er hatte ihr gedroht, sie umzubringen, wenn sie es jemals jemandem erzählen würde.

Bevor Hal von Michelles Anschuldigung erfuhr, hatte er seinem Bruder versprochen, die Kaution von 10.000 Dollar zu bezahlen. Doch obwohl er diese Summe gestellt hatte, zerstörte die Nachricht die Familie Rogers: Hals und Johns Mutter weigerte sich, ihrer Enkelin zu glauben, und hielt zu ihrem Sohn John, was Hal wiederum von seiner Mutter entfernte.

Anfangs leugnete John die Vergewaltigungen. Michelle schämte sich, war traumatisiert und hatte nicht die Absicht, gegen ihn auszusagen. Sie wollte einfach nur, dass das alles aufhörte. Am Ende brauchte sie nicht vor Gericht zu erscheinen. John bekannte sich schuldig, die erste Frau vergewaltigt zu haben, und wurde zu sieben bis fünfundzwanzig Jahren Gefängnis verurteilt.

Nach der Vergewaltigung seiner Tochter und dem Ende seiner Beziehungen zu Mutter und Bruder, fiel Hal in eine tiefe Depression. Manchmal verschwand er tagelang und schloss sich im Wohnwagen seines Bruders ein. Außerdem belastete der Kleinstadtklatsch die ganze Familie.

Daher hielten es Jo und ihre Töchter im folgenden Jahr für eine gute Idee, für eine Weile wegzugehen. Hal konnte die Farm nicht allein lassen, aber zumindest Mutter und Kinder könnten sich von den Ereignissen erholen. Michelle und Christe hatten noch nie richtig Urlaub gemacht oder überhaupt einmal den Staat Ohio verlassen. Selbst Jo war nur einmal über die Staatsgrenzen hinausgekommen, als sie anstelle von Flitterwochen eine Nacht in einem Hotel in Fort Wayne, Indiana, verbracht hatten.

Die drei planten eine Reise nach Florida, wo sie dem Tratsch, der Farm, den Anwälten und der Polizei für eine Weile entkommen konnten. Sie wollten Mickey Mouse treffen und jeden Themenpark besuchen, der ihnen in den Sinn kam. Was sie brauchten, war ein bisschen Sonnenschein und Sand unter den Füßen. Obwohl keiner von ihnen schwimmen konnte, mussten sie das warme Wasser des Ozeans spüren. Eine Woche Auszeit würde ihnen gut tun, dachten sie.

Michelle zögerte nur, weil sie sich für diese Zeit von ihrem Freund Jeff Feasby trennen musste. Sie waren kaum einen Monat zusammen und bis über beide Ohren ineinander verknallt. Jeff hatte Gerüchte über Michelles Probleme mit ihrem Onkel gehört, kannte aber keine Details. Es interessierte ihn nicht, weil es ihre Sache war und sie offensichtlich nicht darüber reden wollte.

Obwohl sie nur ein paar Tage weg sein würde, war der endgültige Abschied von Michelle und Jeff für das junge Paar sehr emotional und sie küssten sich auf der Veranda, während die vierzehnjährige Christe zusah. Trotzdem freuten sich die drei Rogers-Frauen auf ihre Reise und packten bereits am Abend vor der Abfahrt das Auto. Im Morgengrauen des 26. Mai 1989 verließen sie Willshire, Ohio, und fuhren in Richtung Süden.

Der erste Tag auf der Straße war anstrengend, aber auch aufregend. Jo war dafür bekannt, ziemlich schnell zu fahren, und Michelle hatte erst vor Kurzem ihren Führerschein gemacht, weshalb Jo den größten Teil der Strecke am Steuer saß. Die erste Nacht verbrachten sie in einem Hotel jenseits der Grenze zu Georgia, bevor sie am nächsten Tag zu ihrem ersten Ziel aufbrachen: Jacksonville, Florida.

Nachdem sie den Tag im Zoo von Jacksonville verbracht hatten, fuhren sie ins Landesinnere nach Silver Springs, wo sie einen Ausflug mit einem Glasbodenboot unternahmen. Endlich machten die drei einmal einen richtigen Urlaub und schossen unentwegt Fotos.

Von Silver Springs aus ging es weiter in Richtung Atlantikküste – auf dem Highway 1 in Richtung Cape Canaveral. Jo schrieb Hal eine Postkarte, Michelle eine an Jeff. Sie fühlte sich ein bisschen schuldig, weil sie im Urlaub war, während ihr Freund Geburtstag hatte. Also schickte sie ihm eine kitschige Postkarte, auf der eine Frau im Bikini zu sehen war, die sich am Strand von Florida im Sand wälzte, während ein Alligator nach ihrem Bikini-Po schnappte. Auf der Rückseite stand:

„Hallo! Wie geht es dir? Mir geht es gut. Gestern waren wir im Zoo von Jacksonville, haben Verwandte besucht und Geoffrey (dich) gefunden. Später sind wir nach Silver Springs gefahren und haben eine Tour im Glasbodenboot gemacht. Heute gehen wir an den Strand und fahren anschließend ins Sea World. Hab Spaß bei der Arbeit und benimm dich. Und genieße deinen Geburtstag. Ich denke an dich! Ich vermisse dich! In Liebe, Chelle"

Die Rogers-Frauen wollten so richtig Gas geben und an den folgenden Tagen besuchten sie Sea World, das Epcot Center und die Disneys Hollywood Studios. Am Donnerstag wollten sie die Bucht von Florida erkunden und fuhren nach Tampa.

Kurz nach Mittag checkten sie in ihr Hotel mit Blick auf die Tampa Bay ein und schossen ein paar Fotos, während sie die Koffer auspackten. Michelle rief Jeff an, um ihm zum Geburtstag zu gratulieren, während Jo und Christe sich Flyer ansahen, die sie aus der Lobby des Hotels mitgenommen hatten. Bush Gardens schien vielversprechend zu sein. Also rief Jo dort an, um weitere Informationen zu erhalten, und notierte sich die Wegbeschreibung auf den Flyer, damit sie am nächsten Tag dorthin fahren konnten.

An diesem Abend wurden die drei beim Abendessen im Hotelrestaurant zum letzten Mal lebend gesehen.

———

Jo und die Mädchen sollten am Sonntag, den 4. Juni, wieder zuhause eintreffen. Auf Jo wartete die Arbeit auf der Farm und montags begann Michelles Sommerschule. Doch es kam kein Lebenszeichen von ihnen.

———

An diesem Sonntagmorgen fuhr ein Segelboot unter der Sunshine Skyway Bridge hindurch, an der die Tampa Bay in den Golf von Mexiko mündet. Während es in Richtung Golf tuckerte, bemerkte der Kapitän, dass etwas im Wasser trieb. Er drosselte den Motor und allmählich wurde ihm klar, dass es sich bei dem schwimmenden Objekt um einen menschlichen Körper handelte.

Der Schiffsführer informierte die Küstenwache, die die Leiche einer Frau entdeckte, die mit dem Gesicht nach unten trieb. Sie war ab der Taille nackt, und Beine und Füße waren mit einem gelben Seil gefesselt. Die gleiche Art von Strick war um ihren Hals und an etwas unter Wasser festgebunden, wodurch die Leiche teilweise heruntergezogen wurde. Die Küstenpolizei konnte das Objekt, das um ihren Hals gebunden war, jedoch nicht anheben. Also schnitt sie das Seil durch, ließ den Gegenstand sinken und hob die tote Frau an Bord. Als sie auf dem Weg zurück zum Hafen war, ging ein weiterer Anruf ein. Jemand hatte eine zweite Leiche gefunden.

Etwas nördlich von der ersten Leiche gab es einen ähnlichen Fundort. Auch hier trieb eine zum Teil entblößte, tote Frau mit dem Gesicht nach unten im Wasser. Ein Seil war um ihren Hals und um ein schweres Objekt unter der Wasseroberfläche gebunden worden. Nur wenige Minuten nach dem Fund der zweiten Leiche meldete ein weiterer Anrufer die dritte Tote.

Nachdem die Küstenwache die Leichen geborgen hatte, stellte sie fest, dass alle drei von großen Betonblöcken heruntergezogen worden waren, die mit einem Seil am Hals verbunden waren. Die durch die einsetzende Verwesung verursachte Aufblähung hatte jedoch dazu geführt, dass die Leichen trotz des Gewichts an der Oberfläche trieben.

Jede Leiche war auf die gleiche Weise und mit der gleichen Art von Seil gefesselt worden, aber eines der Opfer hatte es geschafft, eine Hand zu befreien. Außerdem waren alle drei mit Klebeband geknebelt worden.

Obwohl aufgrund der Verwesung nicht mit Sicherheit festgestellt werden konnte, ob sie missbraucht worden waren, legte die Tatsache, dass sie alle ab der Taille nackt waren, diese Schlussfolgerung nahe. Es gab weder Abwehrverletzungen noch Hinweise darauf, dass ein Messer oder eine Waffe gegen sie eingesetzt wurde. Allerdings schienen sie noch am Leben gewesen zu sein, als sie mit dem Betonblock um den Hals gebunden ins Wasser geworfen wurden.

————

Obwohl Jeff Michelles Vater kaum kannte, rief er immer wieder bei ihm an und fragte, ob er etwas von den dreien gehört habe. Inzwischen machten sich beide große Sorgen, und Hal hatte Jos Freunde und Verwandte angerufen, aber niemand hatte etwas von ihnen gehört. Am Mittwoch waren sie bereits seit drei Tagen überfällig, und Hal war mittlerweile regelrecht panisch. Also ging er zur Bank und hob 7.000 Dollar in bar ab, um ein Privatflugzeug zu mieten, mit dem er die Strecke von Ohio nach Florida aus der Luft absuchen wollte.

————

Die Rogers-Frauen hätten bereits vor knapp einer Woche aus dem Hotel auschecken sollen. Trotzdem standen ihre Koffer noch immer in Zimmer 251, wie das Zimmermädchen des Tampa Days Inn feststellte. Die Betten waren nie benutzt worden, die Seifen waren noch in Papier eingewickelt und auf dem Tisch lag eine Geldbörse. Jeden Tag ging es hinein, um das Zimmer zu reinigen, aber es war nichts angerührt worden.

Die Nachricht von den drei Frauenleichen erschien jeden Abend in den Fernsehnachrichten in Tampa, und am Donnerstag, den 8. Juni, rief die Hotelleitung schließlich die Polizei von Tampa an. Als die Beamten eintrafen, untersuchten sie den Raum gründlich. Fingerabdrücke, die von einer Zahnpastatube abgenommen wurden, stimmten mit den Fingerabdrücken von einer der Leichen überein. Anhand der Hotelregistrierung konnten sie die Opfer als die Rogers-Frauen identifizieren.

Hal Rogers war bereits schwer depressiv, seitdem er den Missbrauch seiner Tochter durch seinen eigenen Bruder verarbeiten musste. Als der Sheriff ihn über die Vergewaltigung und die Ermordung seiner Frau und seiner beiden Kinder informierte, war das mehr, als er verkraften konnte. Außerdem tauchten fast unmittelbar nach dem Bekanntwerden dieser Nachricht Fernsehkameras und Reporter vor seiner Tür auf. Er zerbrach innerlich, ging aber dennoch seiner Arbeit nach. Schließlich musste die Farm weiter betrieben werden.

Die Polizei fand das Auto der Rogers in der Nähe des Courtney Campbell Parkway an einer Bootsrampe, nur ein paar Meilen von ihrem Hotel entfernt. Nichts schien ungewöhnlich zu sein. Christes ausgestopftes Kuh-Spielzeug war immer noch mit Saugnäpfen an der Heckscheibe befestigt. Auf dem Vordersitz fand sie Polizei ein Bogen Papier mit dem Briefkopf des Days Inn, auf den Jo eine Wegbeschreibung zur Bootsrampe geschrieben hatte:

„Rechts abbiegen (auf 60) – 2 1/2 Meilen – vor der Brücke rechts"

Und darunter stand:

„blau weiß"

Es schien, als habe ihnen jemand den Weg zur Bootsrampe beschrieben. Die Ermittler nahmen an, dass sie nach einem blau-weißen Boot Ausschau halten sollten.

Außerdem entdeckte die Polizei auf dem Vordersitz des Wagens einen Flyer von Clearwater Beach, Florida. Am unteren Rand der Broschüre war die Wegbeschreibung zurück zum Hotel notiert worden. Diese Handschrift stimmte jedoch nicht mit der auf dem Briefpapier des Days Inn überein. Jemand anderes als Jo hatte dies geschrieben.

———

Während ihrer Ermittlungen erfuhren die Polizisten von Michelles Vergewaltigung durch ihren Onkel. Obwohl John Rogers zu dieser Zeit im Gefängnis saß, musste die Polizei die Möglichkeit ausschließen, dass er irgendwas mit dem Tod der Frauen zu tun hatte, da die Opfer in beiden Fällen mit einem Seil gefesselt worden waren. Hatte er ihre Ermordung in Auftrag gegeben, während er hinter Gittern saß? Um das herauszufinden, flogen die Ermittler nach Ohio.

Als sie John Rogers im Gefängnis befragten, wurde schnell klar, dass er nichts mit den Morden zu tun hatte. Er hätte unmöglich etwas aus der Zelle heraus arrangieren können. Selbst in der Haftanstalt war John ein Einzelgänger und hatte nur wenige Freunde. Er hatte keine Pakete zugestellt bekommen, und der einzige Telefonanruf oder Besuch im Gefängnis war seine Mutter gewesen.

———

Hal Rogers hatte Schwierigkeiten, seinem Leben einen Sinn zu geben, und die ständige Belästigung durch die Reporter machte ihn verrückt. Um mit der Situation fertig zu werden, arbeitete er weiter auf seiner Farm. Auf der Beerdigung kämpfte er gegen den Drang an, seine eigene Mutter zu schlagen. Er konnte nicht glauben, dass sie die Nerven hatte, auf der Beisetzung ihrer Enkelin aufzutauchen, nachdem sie sie eine Lügnerin genannt und behauptet hatte, sie hätte die Vergewaltigung erfunden. Während keiner der Trauergäste die Tränen zurückhalten konnte, war Hal mehr wütend als traurig. Er war wütend auf seine Mutter, wütend auf Gott, wütend auf den Mörder … und er saß schweigend hinter seiner getönten Brille da und zeigte keine Emotionen. Nach der Beerdigung ging er sofort wieder an die Arbeit auf der Farm.

Sein Verhalten machte die Ermittler auf ihn aufmerksam, und man zählte ihn für kurze Zeit zu den möglichen Verdächtigen. Schließlich hatte er die 10.000-Dollar-Kaution für seinen Bruder gestellt und nur wenige Tage nach den Morden 7.000 Dollar in bar abgehoben. Seine Handlungen warfen definitiv Fragen auf, aber am Ende konnte Hal das abgehobene Bargeld nachweisen, und die Polizei bestätigte, dass er den Staat Ohio nie verlassen hatte.

———

Die Ermittler setzten einen forensischen Schriftexperten ein, um die Flyer zu analysieren, die sie im Auto der Rogers gefunden hatten. Sie wussten, dass es nicht die Handschrift der Frauen war. Dem Gutachter fielen sofort zwei Besonderheiten auf: Die Person, die den Zettel geschrieben hatte, schrieb das T in der Mitte von Wörtern groß. Außerdem gab es vier Ys in der Notiz, von denen jedes in einem anderen Stil geschrieben worden war.

Der Flyer wurde auch auf Fingerabdrücke untersucht, doch sie stammten alle ausschließlich von den Rogers-Frauen. Nur der Teilabdruck einer Handinnenfläche konnte nicht zugeordnet werden. Doch solange die Ermittler keinen Verdächtigen hatten, war der Abdruck nutzlos.

―――――

Aus ganz Florida gingen Hunderte von Hinweisen aus der Öffentlichkeit ein, aber einer schien besonders vielversprechend. Eine vierundzwanzigjährige Frau namens Judy Blair war zu Besuch aus Kanada und erzählte der Polizei, dass sie nur zwei Wochen vor den Morden in derselben Gegend von einem Mann angesprochen worden sei. Er habe ihr angeboten, sie auf seinem blau-weißen Boot zu einer Fahrt in den Sonnenuntergang mitzunehmen. Kaum seien sie auf dem offenen Wasser und weit weg von anderen Booten gewesen, habe er sie sexuell belästigt.

Judy erzählte der Polizei, dass er sie eines Abends in einem 7-Eleven-Laden angesprochen habe. Der Mann sei Weißer, Mitte dreißig mit rötlich-blondem Haar, etwa 1,70 m groß und 80 kg schwer. Er habe freundlich gewirkt und einen dunkelfarbigen Jeep Cherokee mit getönten Scheiben gefahren.

Er habe sie zu einer Bootsfahrt in den Sonnenuntergang mitgenommen, aber kaum sei die Sonne verschwunden gewesen, habe er versucht, Sex mit ihr zu haben. Als sie sich weigerte, sei er wütend geworden, habe sie angegriffen und angeschrien:

> „Was soll das? Niemand wird dich hören. Was willst du denn tun? Über Bord springen? Ist Sex etwas, für das es sich zu sterben lohnt?"

Sie flehte ihn an und erzählte ihm, dass sie noch Jungfrau sei, aber das schien ihn noch mehr zu erregen. Als er mit ihr fertig war, schien er jedoch seine Tat zu bereuen und entschuldigte sich bei ihr.

> „Ich habe dir etwas genommen, das du nie wieder zurückbekommen kannst",

sagte er ihr, bevor er sich über die Reling erbrach.

Während er das Boot in Richtung Ufer steuerte, übergab er sich noch einige Male. Der Mann nahm den Film aus ihrer Kamera und warf ihn über Bord. Als sie die Uferlinie erreicht hatten, verschonte er ihr Leben und ließ sie an Land schwimmen.

Judy erzählte der Polizei, dass er ihr die Shorts und die Bikinihose vom Körper gerissen habe, so wie es bei den Rogers-Mädchen der Fall gewesen war. Sie sagte, sie habe ein Seil auf dem Boot bemerkt, das wie das ausgesehen habe, das bei den Morden verwendet wurde. Und er hatte gedroht, ihr den Mund mit Klebeband zuzukleben.

Die Ermittler wussten, dass es sich um denselben Mann handeln musste. Anhand der Beschreibung der jungen Frau wurde ein Phantombild des Täters angefertigt und veröffentlicht. Es wurde in den Fernsehnachrichten, in den Zeitungen und auf Plakatwänden gezeigt, die in der Gegend aufgestellt wurden. Immer mehr Tipps gingen ein, aber die meisten entpuppten sich als Sackgasse.

Inzwischen waren über drei Jahre seit den Morden vergangen. Die Ermittler setzten die größte Hoffnung in die einzigartige Handschrift auf dem Flyer, der im Auto zurückgelassen worden war. Vielleicht würde sie jemand wiedererkennen. Also stellte die Polizei fünf Plakatwände in der Nähe der Bootsrampe in Tampa auf.

Die Plakate zeigten eine Großaufnahme der Handschrift, unter der die Frage „Wer hat diese Wegbeschreibung geschrieben?" prangte. Es war reine Spekulation, aber sie hofften das Beste.

———

Am Tag nachdem die Plakate aufgehängt wurden, machte es bei Jo Ann Steffey Klick, und ihr Herz setzte für einen Moment aus, als sie die Handschrift erkannte. Sie hatte gerade das Phantombild des Verdächtigen in der Morgenzeitung gesehen und eilte nach Hause, um ihre Vermutung noch einmal zu überprüfen.

Die Beschreibung des Verdächtigen schien tatsächlich auf einen Nachbarn zu passen, der nur zwei Türen weiter wohnte. Der dreiundvierzigjährige Oba Chandler war Bauunternehmer und hatte einige Arbeiten an ihrem Haus durchgeführt. Er war verheiratet und hatte acht Kinder von sieben verschiedenen Frauen. Als sie die Geschichte in der Zeitung las, schien alles zusammen zu passen.

Sein rötlich-blondes Haar passte ebenso auf die Beschreibung wie seine Größe und sein Gewicht. Er ähnelte dem Mann auf dem Phantombild, fuhr einen dunkelblauen Jeep Cherokee und sein Haus lag mit der Rückseite zu einem Kanal, auf dem sein Boot lag. Ein blau-weißes Boot. Dieser Kanal führte zu einer Bucht, die eine Meile von der Bootsrampe entfernt war.

Da erinnerte sich Jo Ann daran, dass sie noch die Rechnung hatte, die Chandler ausgestellt hatte. Als sie sich seine Handschrift ansah, fiel ihr auf, dass er die Angewohnheit hatte, das T in der Mitte eines Wortes großzuschreiben. Sie rief sofort die Polizei.

Oba Chandler wurde 1946 geboren und war in Cincinnati, Ohio, aufgewachsen. Als er fünf Jahre alt war, starb einer seiner Brüder. Sein Vater hat sich nie von dem Verlust erholt und erhängte sich fünf Jahre später im Keller ihres Hauses. Laut einem seiner Cousins sprang Oba in das Grab, als die Totengräber die Erde über den Sarg schaufelten, und trat jede Schaufel Erde fest.

Schon als Teenager wurde Oba wiederholt wegen Autodiebstahls festgenommen, und mit achtzehn Jahren war er bereits zwanzig Mal verhaftet worden. Auch als Erwachsener geriet er immer wieder in Schwierigkeiten.

Er wurde wegen vorsätzlichen Herumlungerns, Einbruchs, Besitzes von Falschgeld, bewaffneten Raubüberfalls und Entführung angeklagt. Einmal wurde er beim Masturbieren ertappt, während er durch das Fenster im Erdgeschoss der Wohnung einer Frau schaute. Bei einer anderen Gelegenheit raubten er und ein Komplize das Haus eines Paares in Florida aus: Er fesselte den Mann und zwang die Frau, sich auszuziehen. Er quälte sie, indem er seine Waffe langsam über ihren nackten Bauch rieb.

Oba Chandler wurde am 24. September 1992 verhaftet. Bei einer polizeilichen Gegenüberstellung identifizierte Judy Blair ihn sofort als den Mann, der sie vergewaltigt hatte. Man analysierte Proben seiner Handschrift, die exakt mit der auf dem Flyer übereinstimmten. Und der Handabdruck auf der Broschüre passte zu dem seiner linken Hand.

Während die Ermittler Beweismaterial gegen Chandler zusammentrugen, überprüften sie die Telefonaufzeichnungen vom Wasser an Land aus der Nacht der Vergewaltigung und der Nacht der Morde. Beide Male hatte er seine Frau angerufen, sodass er durchaus in der Lage gewesen wäre, die Verbrechen zu begehen.

Bei der Gerichtsverhandlung wurde Oba Chandler von seinem Anwalt geraten, nicht zu seiner Verteidigung auszusagen, aber er tat es trotzdem. Er beharrte, dass er die Rogers-Frauen getroffen und ihnen den Weg beschrieben, sie danach aber nie wiedergesehen hätte, außer in den Zeitungen und auf den Plakatwänden. Er gab zu, in diesen Nächten auf seinem Boot in der Tampa Bay gewesen zu sein, doch er hätte allein geangelt. Er habe ein Problem mit dem Motor seines Bootes gehabt und zunächst die Küstenwache um Hilfe gebeten, sich dann aber doch selbst helfen können.

Während des Prozesses flog Judy Blair aus Kanada ein, um auszusagen, dass Chandler sie nur zwei Wochen vor den Rogers-Morden auf seinem Boot vergewaltigt hatte. Ein ehemaliger Angestellter berichtete, dass er am Morgen nach den Morden damit geprahlt habe, in der Nacht zuvor ein „Date" mit drei Frauen in der Bucht gehabt zu haben.

Zwei seiner Kinder und sein Schwiegersohn sagten ebenfalls gegen ihn aus. Seine Tochter, Kristal Sue Mays, erzählte dem Gericht, sie habe gehört, wie er während eines Besuchs seiner Familie in Ohio kurz nach den Morden zu jemandem gesagt habe: „Ich kann nicht zurück nach Florida. Die Polizei sucht nach mir, weil ich ein paar Frauen getötet habe." Ihr Vater habe ihr außerdem erzählt, eine Frau in der Nähe von Madeira Beach, Florida, vergewaltigt zu haben.

Außerdem erschienen zwei ehemalige Mitinsassen vor Gericht. Der eine gab an, Chandler habe zu ihm gesagt: „Ich bin nicht der einzige, der Klebeband benutzt, aber es ist einfach, jemanden damit zu fesseln." Der andere berichtete, Chandler habe damals behauptet: „Wenn die Schlampe sich nicht gewehrt hätte, säße ich jetzt nicht im Gefängnis."

Oba Chandler wurde aller drei Morde für schuldig befunden und am 4. November 1994 zum Tode verurteilt. Bei seiner Verurteilung sagte Richterin Susan F. Schaeffer zu ihm:

> „Oba Chandler, Sie haben nicht nur nach den Gesetzen des Staates Florida Ihr Recht verwirkt, unter uns zu leben. Sie haben Ihr Recht verwirkt, überhaupt zu leben. Möge Gott Ihrer Seele gnädig sein."

In einem Interview beschrieb Richterin Schaeffer später Chandler als

> „einen Mann ohne Seele. Das war der schlimmste Fall, was einen Angeklagten ohne rettende Gnade angeht, den ich je bearbeitet habe. Und ich habe viele Menschen verurteilt, die nicht unbedingt gute Menschen waren."

Da er für die Morde bereits im Todestrakt saß, ersparten die Staatsanwälte Judy Blair die emotionale Belastung eines Vergewaltigungsprozesses.

Obwohl er noch anderer ähnlicher Morde verdächtigt wurde, wurde nie eine weitere Anklage gegen ihn erhoben. Am 15. November 2011 wurde Oba Chandler hingerichtet. Seine letzten Worte waren:

> „Leck mich am Arsch."

In seiner schriftlichen Erklärung stand:

„Oba Chandlers leTzTe Erklärung

Sie TöTen heuTe, am 15. November 2011, einen unschuldigen Mann.

Oba Chandler"

Er hatte jedes T großgeschrieben.

Drei Jahre nach seiner Hinrichtung bestätigte ein DNA-Beweis, dass er die zwanzigjährige Ivelisse Berrios-Beguerisse ermordet hatte, deren Leiche 1990 in Coral Springs, Florida, gefunden wurde. Chandler wohnte damals nur eine Meile vom Tatort entfernt.

KAPITEL 7
DER JAHRMARKTKULT

I n den frühen 1990er Jahren bemerkte die Polizei im ländlichen Johnson County, Indiana, eine ganze Reihe von Graffiti an den Wänden verlassener Scheunen. Dabei schien sich der Vandalismus auf die Gegend um Whiteland zu konzentrieren, einer Kleinstadt mit etwa 2.500 Einwohnern.

Die Polizei kannte die aufgesprühten Symbole nur zu gut: Pentagramme, umgedrehte Kreuze, die Zahl „666" und die Buchstaben „COS". Satanische Symbole. „COS" stand für „Church of Satan", die Kirche des Satans, 666 war laut dem Buch der Offenbarung die „Zahl des Antichristen".

Die Kritzeleien waren zwar ein Ärgernis, doch die Polizei hielt sie für das Werk harmloser Kinder. Viele der Kids standen auf Heavy-Metal-Musik, die makabre Theatralik und solche satanischen Symbole verwendete. Doch schon bald wurde den Beamten klar, dass die Jungs, die diese Graffiti aufsprühten, alles andere als harmlos waren.

———

Als Teenager war Mark Goodwin Heavy-Metal-Fan gewesen. Sein Lieblingskünstler war Ozzy Osbourne, der ehemalige Sänger der Band Black Sabbath. Wie Tausende andere Jugendliche war er von den düsteren Texten und der unheimlichen Symbolik dieser Musik fasziniert. Obwohl es sich dabei meist um Inszenierungen handelte, waren diese Platten sein erster Einstieg in das, was zu einer Obsession werden sollte. Einmal sollte er in der siebten Klasse einen Aufsatz über die Bedeutung von Halloween schreiben. Er lieh sich in der Bibliothek Bücher über Satanismus und Okkultismus aus, entdeckte „The Satanic Bible" von Anton LaVey und schrieb über Dämonen und Geister. Mit fünfzehn Jahren war Goodwin vom Satanismus besessen und gründete eine eigene satanische Sekte, die er „Satan's Disciples" – Satans Jünger – nannte.

Sie bestand aus sechs gleichgesinnten Jungs aus der Gegend von Whiteland und Franklin, Indiana. Am Anfang lasen und sangen sie während ihrer Treffen aus verschiedenen satanischen Büchern und wanderten nachts über Friedhöfe. Irgendwann fing die Gruppe jedoch an, kleine Tiere als Opfer für ihren Herrn Satan zu töten.

Während den anderen Jungs die Sekte mehr als Vorwand diente, um gegen ihre Eltern zu rebellieren und Alkohol zu trinken, nahm Goodwin sie ernst. Er trug ein schwarzes Gewand und blieb nüchtern, während er die kleinen Tiere tötete. Er füllte das Blut in einen kleinen Kelch, trank daraus und reichte ihn herum, damit jeder einen Schluck nahm. Danach spielten sie Musik, rauchten Gras und tanzten, als wären sie besessen. Es gab Gerüchte, dass sie manchmal sowohl heterosexuelle als auch homosexuelle Orgien feiern würden.

Goodwin hatte jedoch seine Grenzen. Als ein Mitglied seiner Sekte vorschlug, ein Baby als Opfer zu töten, war das zu viel. Mit achtzehn Jahren verließ er die Sekte, die er gegründet hatte, doch sein Interesse am Satanismus ließ nie nach. Er war nach wie vor besessen und las alles, was er über Satanismus und den Okkultismus finden konnte. Zwei Jahre später traf er Keith und David Lawrence in einem Fast-Food-Restaurant, in dem er arbeitete.

———

Mit seinen achtzehn Jahren war Keith Lawrence drei Jahre jünger als sein Bruder David, aber dennoch der Dominantere der beiden. Wie Goodwin war Keith seit seiner Kindheit Heavy-Metal-Fan und hörte genau auf jedes Wort. Für Keith wurde jedes Album zu einer Art Bibel und er las die gleichen Bücher über Satanismus wie Goodwin. Um seinen Hals trug er eine Kette mit einem umgedrehten Kreuz und ein Medaillon in Form eines Pentagramms, das ein Ziegenkopf zierte – alles Symbole des Satanismus.

Keith war schon immer ein gestörtes Kind und ein Tyrann gewesen. In der achten Klasse empfahlen seine Lehrer eine Psychotherapie und seine Eltern schickten ihn auf ein Internat – doch diese Erfahrung schien seinen Hass auf alle Menschen nur zu verstärken. In diesen Jahren fand er zum Satanismus.

Der ältere Bruder, David Lawrence, war nicht weniger von diesem Kult fasziniert. Keith schüchterte seinen älteren Bruder jedoch ein und drängte ihn, sein Leben Satan zu widmen. Einmal jagte er ihn mit einem Messer durch das Haus und drohte, ihn zu töten, wenn er nicht Satanist würde. David hatte kein gutes Verhältnis zu den anderen Familienmitgliedern, respektierte jedoch seinen kleinen Bruder und verbrachte die meiste Zeit mit ihm – trotz seiner Überzeugungen.

———

Mark Goodwin und Keith Lawrence hatten viel gemeinsam und Keiths Ansichten über Satanismus faszinierten Mark. Die jungen Männer wurden unzertrennlich und schlossen irgendwann einen schriftlichen Vertrag über zwanzig Jahre, in dem sie ihr Leben dem Satan widmeten und den sie mit ihrem eigenen Blut unterschrieben. Beide waren davon überzeugt, diese Vereinbarung würde ihnen für die nächsten zwanzig Jahre alles bieten, was sie wollten. „Wenn die zwanzig Jahre um sind, könnte Satan machen, was er wollte, oder uns töten. Damals war uns das wirklich egal", erinnerte sich Goodwin später.

Im Mai 1991 hatten alle drei Jungs zu Hause große Probleme und standen kurz davor, von ihren Eltern hinausgeworfen zu werden.

David schlug vor, als Schausteller bei einer Firma anzuheuern, die während des Sommers in Ohio und Indiana von Jahrmarkt zu Jahrmarkt zog.

Die Lawrence-Brüder hatten im vorangegangenen Winter auf den Bahamas für ein ähnliches Vergnügungsunternehmen gearbeitet. Als sie im Januar wieder in die Vereinigten Staaten eingereist waren, hatte der US-Zoll bei Keith siebzehn Bücher über Satanismus, Hexerei und den Okkultismus entdeckt.

Die drei jungen Männer bekamen Jobs als fahrende Schausteller, sogenannte „Carnies". Während sie in diesem Sommer durch Indiana reisten, lernten sie in Brownstown einen anderen Arbeiter namens Jimmie Lee Penick kennen. Der 24-jährige Penick passte perfekt zu ihnen. Er war auch ein praktizierender Satanist.

Die vier Männer machten aus ihrem Hang zum Satanismus keinen Hehl und sprachen offen mit anderen Jahrmarktarbeitern über sämtliche Verbrechen, die sie im Laufe ihres Lebens begangen hatten. Es war für sie in Ordnung, mit ihren Straftaten zu prahlen, aber als der achtzehnjährige Andrew Wright die Geschichte über ein Verbrechen wiederholte, das Penick in Ohio begangen hatte, wurde dieser wütend.

Östlich von Toledo, Ohio, erstachen Penick und Keith am 30. August 1991 – einen Tag vor Beginn der Fulton County Fair – Wright. Sie schlitzten ihm den Hals auf und entsorgten seine Leiche in den Wäldern an der Ohio-Turnpike in der Nähe von Wauseon, Ohio.

Doch auch nachdem sie Wright getötet hatten, konnten Penick und Keith nicht anders, als mit dem Mord zu prahlen, und erzählten David und Goodwin, was sie getan hatten. Nun wussten vier Personen von dem Verbrechen. Die Chance, dass es geheim bleiben würde, war also gering.

Im September 1991 arbeiteten die vier Männer auf der Dekalb County Free Fall Fair, wo sie sich mit einem anderen Arbeiter namens Tony Ault anfreundeten. Der einundzwanzigjährige Ault interessierte sich ebenfalls für Satanismus und wollte der Sekte beitreten. Einer der vier erzählte ihm von dem Mord an Andrew Wright und wollte wissen, ob er immer noch dazugehören wolle. Doch Ault ließ sich nicht beirren.

Als der Jahrmarkt am 25. September schloss, meinten sie zu Ault, dass sie in der Nacht ein satanisches Ritual abhalten würden und er daran teilnehmen dürfte. Goodwins Freundin, Brenda Ferguson, fuhr die fünf jungen Männer zu einer abgelegenen Scheune im Wald. Sie setzte sie dort ab und sollte sie später wieder abholen.

Die Männer machten vor der Scheune ein großes Lagerfeuer, während Keith Ault drinnen bat, sich als Teil eines Initiationsrituals auf eine alte, aus den Angeln gehobene Tür zu legen. Diese Tür sollte als Altar verwendet werden. Sie banden Ault darauf fest und knebelten ihn. Sobald er sicher gefesselt war, begann Keith eine Predigt zu lesen, von der er glaubte, dass sie Satan beschwören könnte.

Dann nahm Penick Keith Lawrences Messer und setzte einen Schnitt von Aults Hals bis zu seinem Becken an. Die Verletzung war gerade tief genug, um ihn nicht zu töten. Goodwin und die beiden Lawrence-Brüder fügten seinem Oberkörper weitere Schnitte zu, die die Form eines umgedrehten Kreuzes und anderer satanischer Symbole bildeten. Dann versuchten sie, ihm das Ohr abzuschneiden, bevor Goodwin versuchte, ihm das Herz herauszuschneiden, während es noch schlug.

Ault war noch immer an der Tür festgebunden und flehte um sein Leben, als Penick erneut nach dem Messer griff, sein Gesicht an das von Ault legte und fragte: „Bist du bereit zu sterben?" Dann schlitzte er ihm die Kehle auf, während Keith predigte. Die Männer hatten nie die Absicht gehabt, Ault in ihre Sekte aufzunehmen. Stattdessen wollten sie sicherstellen, dass er niemandem etwas über den Mord an Andrew Wright erzählte.

Schließlich trennten Penick, Goodwin und Keith Aults Kopf und Hände ab. David sah zu. Keith warf Kopf und Hände ins Lagerfeuer. Diese Zerstückelung und Verbrennung seiner Hände waren ein Versuch, seine Identifizierung zu verhindern. Keith behauptete jedoch, den Kopf abgetrennt und verbrannt zu haben, weil er später zurückkommen und den Schädel einsammeln wollte, um ihn einem Freund zu schenken.

Als Brenda Ferguson zurückkam, um sie abzuholen, nahmen sie das Geld aus Aults Brieftasche und kauften sich bei Arby's etwas zu essen.

———

Die vier arbeiteten bis zum Ende der Saison, also bis Ende Oktober, für das Jahrmarktunternehmen. Dann kehrte Penick zu seinen Eltern nach Shelbyville, Indiana, zurück. Goodwin und die Lawrence-Brüder fuhren in Goodwins Van, den er

„Rigor Mortis" (Leichenstarre) getauft hatte, nach Florida, wo sie während des Winters auf dem Rummelplatz arbeiten wollten.

Irgendwann fühlte sich Goodwin schuldig für das, was er getan hatte, und rief seinen Vater in Indiana an. Er erklärte ihm, Zeuge eines Mordes in Dekalb County geworden zu sein, nahm jedoch an, dass sein Vater der Polizei nichts sagen würde. Doch genau das tat er am 12. Dezember. Die Beamten befragten daraufhin Goodwins Ex-Freundin, Brenda Ferguson, die sie zu der Scheune führte, vor der sie die fünf Männer abgesetzt hatte. Dort fanden sie die verwesten Überreste von Tony Ault.

Goodwin kehrte am 13. Dezember nach Indiana zurück, wurde sofort verhaftet und wegen Verabredung zum Mord angeklagt. Gleichzeitig wurde Penick in Shelbyville wegen Mordes festgenommen.

Die Lawrence-Brüder arbeiteten zu diesem Zeitpunkt wieder auf dem Jahrmarkt auf den Bahamas und wussten nicht, dass Goodwin und Penick verhaftet worden waren. Als sie am 10. Januar 1992 bei ihrer Rückkehr in die Vereinigten Staaten in Miami, Florida, landeten, wurden sie von US-Zollbeamten an der Grenze festgenommen und nach Indiana zurückgebracht.

———

David Lawrence war sowohl der Erste, der Anzeichen von Reue zeigte, als auch der Erste, der sich schuldig bekannte. Er wurde nur wegen Beihilfe zu einem Verbrechen angeklagt. Er beharrte darauf, dass er nie wirklich ein Satanist war, sondern von seinem Bruder eingeschüchtert worden sei, seinem Beispiel zu folgen. Im April 1993 wurde David Lawrence zu acht Jahren Gefängnis verurteilt.

Bei seiner Verurteilung sagte der Richter zu ihm:

> „Obwohl David Lawrence der ältere der beiden
> Brüder ist, wurde er von Keith geführt und
> manipuliert. David, in Ihrem Urteil steckt ein
> großer Teil Strafe, aber auch ein großer Teil Reha-
> bilitation. Letztendlich liegt es an Ihnen, was Sie
> daraus machen. Ich möchte, dass Sie ein geset-
> zestreuer Bürger, ein guter Ehemann und ein
> guter Vater werden. Ich glaube, Sie können es
> schaffen."

Davids Bruder, Keith, wurde am selben Tag verurteilt. Da er
viel aktiver an dem Mord beteiligt und seine Vorgeschichte an
kriminellen Aktivitäten gut dokumentiert war, wurde er
wegen Mordes angeklagt und zu achtzig Jahren Haft verurteilt. Doch dann ging seine Verteidigung einen Deal mit der
Staatsanwaltschaft an, die Anklage auf Verabredung zum
Mord fallen zu lassen, wenn er sich schuldig bekannte.

Bei der Verurteilung argumentierte Keiths Anwalt:

> „Keine Frage, dass Keith ein schlechtes Urteils-
> vermögen bewies, als er Jimmie Lee Penick als
> Bekannten auswählte. Nicht als Freund, sondern
> als Bekannten. Keith ist ein Mensch, der Reli-
> gionen studiert hat. Kein Mensch, der religiös
> agiert."

Sein Anwalt behauptete weiter, dass Keith nicht nur am
Okkulten interessiert sei, sondern auch die griechische und
hebräische Version der Bibel sowie den Koran studiert habe.
Doch sein Plädoyer konnte den Richter nicht beeindrucken.
Keith wurde zu dreißig Jahren Haft plus zwanzig weiteren
Jahren auf Bewährung verurteilt. Die Strafe war das
Höchstmaß bei einem Schuldbekenntnis.

Der Richter sagte:

„In seiner Heimatgemeinde Whiteland, Indiana, hatte Keith den Ruf, einschüchternd und gefährlich zu sein. Obwohl Keith Lawrence Ault nicht die tödliche Wunde zufügte, ritzte er ein umgekehrtes Kreuz in den Oberkörper des Opfers. Keith Lawrence zu weniger als der Höchststrafe zu verurteilen, würde die Schwere des Verbrechens herabsetzen."

Auch Mark Goodwin empfand tiefe Reue für seine Beteiligung an dem Ritualmord und bekannte sich der Beihilfe zu einem Verbrechen und der Körperverletzung mit einer tödlichen Waffe für schuldig. In Bezug auf die Anklage wegen Beihilfe zum Verbergen einer Leiche plädierte er aber auf „nicht schuldig". Während er auf seinen Prozess wartete, sprach er mit der Presse über die Gefahren des Satanismus und traf sich täglich mit einem Seelsorger.

Bei seiner Verurteilung sagte er zu Tony Aults Mutter: „Mrs. Givens, ich habe Ihren Sohn nie wirklich gekannt. Aber ich weiß, dass er ein gutherziger Mensch war, und ich schäme mich für das, was ich Ihrem Sohn angetan habe." Mrs. Givens hatte alles andere als Mitleid mit dem zwanzigjährigen Goodwin und antwortete ihm: „Das sollten Sie verdammt noch mal auch. Welche Chance hat er denn noch? Und was soll ich für Sie empfinden … Mitleid? Oder was? Sie hätten das niemals tun dürfen!" Goodwin wurde zu acht Jahren Gefängnis verurteilt.

Im Januar 1994 drohte Jimmie Lee Penick in Indiana die Todesstrafe für den Mord an Tony Ault und in Ohio eine lebenslange Haftstrafe für den Mord an Andrew Wright.

Um die Todesstrafe in Indiana zu vermeiden, bekannte er sich des Mordes für schuldig. Die Höchststrafe für einen Schuldspruch wegen Mordes in Indiana betrug sechzig Jahre, was genau das war, was er bekam. Die Strafe sollte jedoch im

Anschluss an das Ohio-Urteil verbüßt werden, das ihn zu einer zwanzigjährigen bis lebenslänglichen Haft verurteilte. Zurzeit verbüßt Jimmie Lee Penick immer noch die Haftstrafe in der Warren Correctional Institution in Ohio. Sollte er jemals aus diesem Gefängnis entlassen werden, wird er direkt nach Indiana gebracht, um dort seine sechzigjährige Haftstrafe anzutreten.

————

Mark Goodwin und David Lawrence haben ihre jeweils achtjährige Haftstrafe längst abgesessen. Keith Lawrence saß nur elf Jahre seiner dreißigjährigen Haftstrafe ab. Seine ursprüngliche Strafe beinhaltete die ersten fünf Jahre Hausarrest auf Bewährung, aber nach seiner Entlassung wurde der Hausarrest aufgehoben. Während seiner Haftzeit bekam Keith Lawrence wegen guter Führung die Möglichkeit, zwei College-Abschlüsse zu erwerben.

2006 wurde Keith Lawrence wegen öffentlicher Trunkenheit, Körperverletzung und krimineller Gefangenschaft verhaftet, womit er gegen seine Bewährungsauflagen verstoßen hatte. Die Anklagen wegen Freiheitsberaubung und Körperverletzung wurden fallen gelassen, aber die Anklage wegen öffentlicher Trunkenheit blieb bestehen, was ihn erneut für 180 Tage hinter Gitter brachte.

KAPITEL 8
DER SCHAUMFESTIGERKILLER

Robert Mark Edwards hatte nie eine Chance im Leben. Als er 1961 geboren wurde, glaubte sein Vater nicht, dass Robert sein Kind war, und schlug ihn täglich, als er gerade mal sechs Monate alt war. Die Misshandlungen richteten sich jedoch nicht nur gegen Robert – er verprügelte auch seinen Bruder William, seine Schwester und seine Mutter. Die Spitznamen seines Vaters für Robert und William waren „SFB1" und „SFB2" – Shit for brains 1 und 2, Schiss im Kopf 1 und 2.

Der Vater arbeitete als Barkeeper, die Mutter war Krankenschwester, und beide waren Alkoholiker. Als er elf war, bekam seine Mutter auch noch ein Drogenproblem. Sie war süchtig nach Valium.

Die Familie lebte in Florida und zog dann für eine Weile nach Puerto Rico. Doch als er dreizehn Jahre alt war, ließ sich Roberts Mutter endlich scheiden und zog mit den Kindern nach Kalifornien.

Kurze Zeit später wurde sie im Drogen- und Alkoholrausch von einem Auto überfahren. Sie überlebte zwar, doch ihre Süchte färbten bald auf die Kinder ab. Nur ein Jahr nach ihrer

Ankunft in Kalifornien fingen Robert und William an, in Häuser einzubrechen, um mit dem Diebesgut ihre eigenen Drogen und ihren Alkohol zu bezahlen. Sie tranken, rauchten Gras und Haschisch und nahmen LSD, Kokain, Peyote, Crystal-Speed, Barbiturate, Heroin und alles, was sie sonst noch in die Finger bekamen. Auch seine Schwester Elena war gegen diese Dinge nicht immun und wurde abhängig von Valium. Selbst seine Großmütter waren süchtig, eine nach Lorazepam und die andere nach Valium und Oxycodon.

Robert brach die Schule in der achten Klasse ab und begann bald darauf, gefälschtes LSD an Kinder in Long Beach, Kalifornien, zu verkaufen. Er und sein Bruder verkauften kleine Papierstreifen mit Mustern darauf und behaupteten, es wäre LSD, obwohl es nichts anderes war als bedrucktes Papier.

Zu einem ernsthaften Problem wurde Roberts Alkoholmissbrauch, als er mit sechzehn Jahren seinen ersten Blackout erlebte. Er trank so viel und nahm so viele Drogen, dass er sich am nächsten Morgen auf den Straßen von Long Beach wiederfand, ohne zu wissen, wie er dorthin gekommen war. Einmal wachte er unter einem Küchentisch in einem Haus auf, das er nicht kannte, und hatte keinerlei Erinnerungen mehr an die vorherige Nacht.

Im März 1986 traf Robert Kathryn Deeble, als er gerade nahe einer Bushaltestelle in Long Beach gefälschtes LSD verkaufte. Er war ein paar Monate zuvor mit dem Motorrad gestürzt und hatte nun ein Gipsbein. Als Kathryn mit ihrem Pick-up an der Bushaltestelle vorbeifuhr, sah sie, wie Robert mit dem Gips herumhumpelte. Sie hatte Mitleid mit ihm und bot ihm an, ihn mitzunehmen. Von diesem Zeitpunkt an waren sie ein Paar. Kurze Zeit später stellte sie ihn bereits ihrer Mutter, Marjorie Deeble, vor.

Die fünfundfünfzigjährige Marjorie war eine willensstarke Frau. Sie war eine erfolgreiche Immobilienmaklerin und lebte im nahe gelegenen Los Alamitos, Kalifornien, direkt im Landesinneren von Long Beach. Eines Nachmittags, während ihre Mutter bei der Arbeit war, nahm Kathryn Robert mit in Marjories Wohnung. Dabei registrierte er, wie seine Freundin einen in einem nahegelegenen Abflussrohr versteckten Schlüssel hervorholte, um in die Eigentumswohnung zu gelangen. Das Paar ging hinein, um Sex zu haben.

Die beiden waren seit zwei Monaten zusammen, als Kathryn Anfang Mai mit ihrer Mutter eine Reise nach Palm Springs unternahm. Robert half ihnen, ihre Koffer in den Wagen zu laden, und lieh sich für die Zeit, in der sie weg waren, Kathryns Truck.

Dann fiel jedoch die Lichtmaschine des Pick-ups aus, und Marjorie gab Robert die Schuld daran. Sie wurde wütend auf ihn und verlangte, dass er den Wagen reparieren ließ, bevor sie zurückkamen. Robert stimmte zunächst zu und brachte den Truck zum Händler, ärgerte sich später jedoch über Marjories harsche Worte ihm gegenüber.

Die beiden Frauen kehrten am Montag, den 12. Mai, morgens von ihrer Reise zurück. Kathryn setzte Marjorie in ihrer Wohnung ab und fuhr nach Hause. Es war das letzte Mal, dass sie ihre Mutter lebend sah.

Am Morgen des 13. Mai bemerkte die junge Frau etwas Seltsames. Normalerweise parkte sie ihren Truck in der Einfahrt so, dass die Fahrertür entweder vor oder hinter den Wacholderbüschen war, damit sie sie öffnen konnte, ohne gegen die Äste zu stoßen. An diesem Morgen stand er jedoch mit der Tür direkt vor dem Gebüsch, sodass sie beim Einsteigen in den Wacholder treten musste.

Kathryn wusste, dass nur eine andere Person Zugang zu ihrem Truck gehabt hatte: Robert. Obwohl es ihr seltsam vorkam, dass er sich mitten in der Nacht ihren Wagen geliehen hatte, dachte sie sich zu diesem Zeitpunkt noch nichts dabei.

Drei Tage später machten sich Marjories Mitarbeiter bei Great Western Real Estate Sorgen. Die quirlige, zierliche Frau, die 1985 Verkäuferin des Jahres geworden war, war seit Tagen nicht im Büro erschienen, was untypisch für sie war. Also riefen sie die Polizei von Los Alamitos.

Als die Polizei am Nachmittag des 16. Mai in Marjories Wohnung nach dem Rechten sehen wollte, stellte sie fest, dass die Haustür aufgebrochen worden war. Aus dem Schlafzimmer drang laute Musik. Die Beamten klopften und riefen ihren Namen, bekamen aber keine Antwort. Als sie das Schlafzimmer betraten, entdeckten sie Marjorie Deeble, die mit dem Gesicht nach unten auf dem Boden lag. Sie war tot.

Sie war ab der Taille nackt, ihr Nachthemd war zerrissen und bis zum Oberkörper hochgeschoben. Die Hände waren mit einem Stück ihres Nachthemdes und einer Telefonschnur hinter dem Rücken gefesselt. Um ihren Hals lag ein dünner Gürtel, dessen Ende an den Griff der Kommode gebunden war, sodass ihr Hals acht Zoll über dem Boden hing. Ihre Beine wiesen Anzeichen auf, dass sie ebenfalls einmal gefesselt gewesen waren.

Überall im Schlafzimmer war Blut. Schubladen standen offen, ihr Schmuck fehlte, überall lagen Kleider verstreut und das Telefon war aus der Wand gerissen worden. Ein blutiger Kopfkissenbezug war wie eine Kapuze über ihren Kopf gezogen worden. Marjorie hatte viel Blut aus ihren Ohren, ihrem Mund und ihrer Nase verloren. Die Nase war gebrochen und das Gesicht wies die Rückstände eines Klebstoffs auf, was darauf hindeutet, dass sie geknebelt worden war. Außerdem war sie geschlagen, vergewaltigt und gewürgt worden. Auf dem Bett lag eine blutige Flasche Schaumfestiger, die für den sexuellen Übergriff benutzt worden war.

———

Robert war bei Kathryn, als die Polizei von Los Alamitos sie auf die Wache bestellte. Er saß im Wartebereich und konnte hören, wie sie in dem Nebenzimmer zu weinen begann, als man ihr mitteilte, dass ihre Mutter brutal ermordet worden war.

Während Kathryn trauerte, traf sich Robert noch ein paar Wochen mit ihr, bevor ihre Beziehung schließlich im Sande verlief und sie den Kontakt verloren. Die Polizei betrachtete ihn jedoch als einen potentiellen Verdächtigen und bat ihn um eine DNA-Probe, die er verweigerte.

Sieben Jahre vergingen, ohne dass es eine Spur im Mordfall Marjorie Deeble gab, aber die Detectives der Polizei von Los Alamitos verfolgten jeden Schritt von Robert. Obwohl sie keine Beweise hatten, die ihn mit dem Mord in Verbindung brachten, warteten sie geduldig, weil sie wussten, dass er irgendwann einen Fehler machen würde.

In den Jahren nach dem Mord konnte sich Edwards nicht aus Schwierigkeiten heraushalten. 1984 wurde er wegen Einbruchs in ein Fahrzeug verhaftet, 1987 wegen Waffenbesitzes und 1988 wegen Hehlerei und Fahrzeugdiebstahls. 1992 zog er nach Hawaii und wurde 1994 erneut wegen Entführung, sexueller Nötigung, Raubes und Einbruchs festgenommen.

———

Im Sommer 1996 arbeitete er als Dachdecker in Kihei im Süden Mauis und lebte mit seiner Freundin Janice Hunt und ihrer zwölfjährigen Tochter nur einen Block vom Strand entfernt. Vom Fenster ihrer Wohnung im zweiten Stock in der Kanoe Street konnte Janice mit einem Fernglas, das sie auf einem Tisch unter dem Fenster aufbewahrte, Wale beim

Brüten beobachten. Edwards benutzte den Fernstecher dagegen viel lieber, um die Nachbarn auszuspähen.

Peggy Ventura stammte aus Alaska und machte jedes Jahr ein paar Monate Urlaub im Süden von Maui mit ihrer Mutter, der siebenundsechzigjährigen Muriel Delbecq, einer erfolgreichen Immobilienmaklerin. Peggy mietete eine Eigentumswohnung etwa eine halbe Meile vom Strand entfernt, während Muriel eine Wohnung im Erdgeschoss in der Kanoe Street angemietet hatte, nur einen Block vom Strand entfernt – und direkt gegenüber von Robert Edwards.

Am Abend des 25. Januar 1993 setzte Peggy ihre Mutter vor ihrer Wohnung ab und fuhr nach Hause. Auf der anderen Straßenseite hatte Robert Edwards gerade erfahren, dass sein Hund von einem Auto angefahren worden war. Robert schluchzte und wiegte das Tier im Arm, aber es war zu spät. Erst einen Monat zuvor hatte er erfahren, dass sein Stiefvater bei einem Flugzeugabsturz ums Leben gekommen war, und hatte die letzten Wochen damit verbracht, seinen Schmerz mit einer Unmenge an Alkohol und Kokain zu betäuben. Der plötzliche Tod seines Hundes verstärkte seinen Kummer.

In dieser Nacht trug Robert ihn zu seinem Kajak und paddelte hinaus aufs Meer, um ihn auf See zu bestatten. Als er gegen 23:00 Uhr an Land zurückkehrte, ging er in die Wohnung eines Freundes, spritzte sich ein halbes Gramm Kokain und trank bis zur Besinnungslosigkeit.

Am nächsten Morgen wurde Janice Hunt vom Tumult draußen auf der Straße geweckt. Mehrere Polizeiautos standen vor den Kanoe Apartments auf der anderen Straßenseite, und als sie die Nachbarn vor der Tür ansprach, erzählten sie ihr, dass in der Nacht jemand ermordet worden wäre.

———

Peggy Ventura war um 7:30 Uhr zur Wohnung ihrer Mutter gekommen, um sie zu einem Strandspaziergang abzuholen. Auf ihr Klopfen antwortete jedoch niemand, dafür standen ein Paar Flip-Flops vor der Haustür, die sie nicht kannte. Mit dem Schlüssel, von dem sie wusste, dass ihre Mutter ihn unter einem Stein versteckt hatte, betrat sie die Wohnung und sah sofort Blut auf dem Boden. In einem Anflug von Panik versuchte Peggy, die Tür zum Schlafzimmer ihrer Mutter zu öffnen, die jedoch verschlossen war. Sie griff nach dem Telefon in der Küche, das aber aus der Wand gerissen worden war.

Also war sie zur Wohnung eines Nachbarn gelaufen und hatte geschrien, dass sie die Polizei rufen sollten, bevor sie selbst um das Haus herumlief, um durch ein Fenster in die Wohnung zu gelangen. Als sie durch das Fenster kroch, konnte sie nichts sehen. Eine Bettdecke verdeckte das Fenster, sodass der Raum stockdunkel war. Peggy bahnte sich im Dunkeln ihren Weg zur Schlafzimmertür und öffnete sie, um Licht in den Raum zu lassen.

Sie konnte sehen, dass das Schlafzimmer durchwühlt worden war und dass es noch mehr Blut auf dem Boden und an den Wänden gab. Unter einem Stapel von Decken in der Mitte des Bettes lag ihre tote Mutter mit dem Gesicht nach oben da. Sie war nackt und ihr Körper mit Hämatomen und blutigen Wunden übersät. Man hatte ihr brutal auf den Kopf geschlagen, sie sexuell missbraucht und erwürgt.

Als die Polizei eintraf, gab es Hinweise darauf, dass Muriels Arme und Beine einmal gefesselt gewesen waren. Doch was auch immer der Mörder hierzu benutzt hatte, war verschwunden. Neben ihrem Ehering an ihrem Ringfinger fehlten weitere Gegenstände in der Wohnung.

Ihr Körper lag mit gespreizten Beinen auf dem Bett und eine Flasche Schaumfestiger steckte noch in ihrer Vagina. Der Gerichtsmediziner sagte später aus, dass die Flasche sowohl in ihre Vagina als auch in ihren Anus eingeführt worden war. Sie war so weit hineingesteckt worden, dass sie in die Bauchhöhle hineinragte. Ihre Brüste waren mit Schnitt- und Platzwunden übersät, ihre Schamhaare waren abgeschnitten oder abrasiert worden.

Der Mörder hatte viele Beweise hinterlassen. An der Wand neben dem Bett prangte ein blutiger Handabdruck, auf einem weißen T-Shirt auf dem Boden ein blutiger Fußabdruck. Überall auf dem Boden lagen Zigarettenstummel. Außerdem hatte der Mörder in die Badewanne gespuckt.

Ein verbogenes Fenstergitter verriet den Ermittlern, dass der Täter höchstwahrscheinlich durch das Fenster eingestiegen war und vergeblich versucht hatte, es wieder instandzusetzen. Auf der Fensterbank und dem Boden darunter lag getrocknetes Gras, das der Mörder zurückgelassen hatte.

In einem Müllcontainer in der Nähe des Tatorts fand die Polizei einen blutigen Kissenbezug, der mit dem Muster von Muriels Bettwäsche übereinstimmte. Darin befanden sich ihr Scheckbuch, Reiseschecks, zwei Telefone und zwei zusammengebundene Telefonkabel. Es war offensichtlich, dass die Schnüre dazu benutzt wurden, ihre Hand- und Fußgelenke zu fesseln. Sie fanden auch einen BH mit zerschnittenen Körbchen, ein aufgeschnittenes Höschen und die fehlenden Gegenstände aus ihrer Wohnung.

––––––

Als Janice Hunt von der Polizei befragt wurde, berichtete sie, dass, Robert Edward aufrichtig überrascht schien, als sie ihm von dem Mord erzählt hatte. Sie gab aber auch zu, dass

Edwards sie gerne fesselte und zweimal versucht hatte, sie mit einer Flasche zu sodomisieren.

Die Ermittler erfuhren außerdem, dass Edwards mit dem Fernglas vom Fenster ihrer Wohnung aus einen klaren Blick auf Muriels Eingangstür hatte.

Es war nicht schwer, Edwards mit dem Verbrechen in Verbindung zu bringen. Der blutige Handabdruck stimmte mit seiner Handfläche überein und die Spucke in der Badewanne enthielt seine DNA. Als die Polizei von Maui sein kalifornisches Strafregister erhielt, umfasste es neun Seiten. Außerdem wurde er seit achtzehn Monaten in Kalifornien wegen Verletzung der Bewährungsauflagen gesucht. Als die Ermittler in Los Alamitos von Edwards Verhaftung erfuhren, wussten sie, dass sie ihn nun auch mit dem Mord an Marjorie Deeble in Verbindung bringen konnten.

Im Prozess gab Edwards seinen zahlreichen alkoholischen Blackouts die Schuld und erklärte dem Gericht: „Es ist schwer für mich zu verstehen, dass ich etwas so Schreckliches tun konnte." Die Aussetzer waren natürlich keine Entschuldigung für eine solch abscheuliche Tat und die Geschworenen befanden ihn nach nur zwei Stunden für schuldig. Das Bezirksgericht von Maui verurteilte ihn zu fünfmal lebenslänglich plus zwanzig Jahren.

Edwards wurde nach Kalifornien überstellt, wo ihm im Falle einer Verurteilung die Todesstrafe für den Mord an Marjorie Deeble drohte. Die beiden Morde wiesen verblüffende Ähnlichkeiten auf: Beide Frauen waren etwa gleich alt und Immobilienmaklerinnen, die allein in einer Erdgeschosswohnung lebten. Außerdem waren beide an Armen und Beinen mit Telefonkabeln gefesselt, erwürgt und mit einer Flasche Schaumfestiger vergewaltigt worden. Sie hatten sogar die gleichen Initialen – MED.

In Kalifornien leugnete Edwards nicht, dass er Marjorie
Deeble ermordet hatte, behauptete aber, er habe keine Erinnerung an das Ereignis. Er wurde zwar erneut des Mordes
ersten Grades für schuldig befunden, die Geschworenen
konnten jedoch kein einstimmiges Urteil fällen.

Seine Anwälte argumentierten, dass seine Drogen- und Alko-
holabhängigkeit, zusammen mit dem Missbrauch durch
seinen Vater, zu seinen Verbrechen geführt hätten. Allerdings
wies die Staatsanwaltschaft auf die exzessive Art und Weise
hin, wie die Opfer vor dem Tod gefoltert und verstümmelt
worden waren. Die zweite Jury zeigte kein Verständnis und
Edwards wurde am 9. September 1998 zum Tode verurteilt.

Aufgrund eines Hinrichtungsmoratoriums in Kalifornien sitzt
Edwards seit mehr als zwanzig Jahren im Todestrakt und
befindet sich zurzeit im San-Quentin-Gefängnis nördlich von
San Francisco. Er schreibt Gedichte und Kurzgeschichten. Die
folgende Erzählung stammt von ihm:

———

Als ich um 3:45 Uhr aus dem Bus stieg, stach mir
die kalte, nasse Küstenluft ins Gesicht.

Ich atmete tief ein. Freiheit! Jahrelang hatte ich
mich danach gesehnt, die Seeluft meiner Heimatstadt zu riechen.

Außer einem 24-Stunden-Restaurant eine Meile
die Straße hinunter war nichts geöffnet. Ich
hatte kein Geld. Der braune Umschlag in meiner
Hand enthielt alle meine weltlichen Besitztü-
mer. Ich klemmte ihn mir unter den Arm,
vergrub die Hände tief in die Taschen, um sie
warm zu halten, und lief los. Vielleicht könnte
ich eine Nacht im Foyer des Restaurants aushar-

ren, bevor ich als Landstreicher weglaufen würde.

Als ich dort ankam, waren meine Kleider taufeucht, und ich setzte mich zitternd auf die Bank im Eingangsbereich. Ich dachte an das, was der Morgen bringen würde. Würde meine Ex-Frau mich meinen Sohn sehen lassen? Würde ich Unterstützung von meiner Familie bekommen? Sollte ich meine alte Truppe aufsuchen? Nein, dachte ich, das war es, was mich überhaupt erst hinter Gitter gebracht hat. Es würde nicht einfach werden, aber diesmal würde ich versuchen, es allein zu schaffen.

Die Kellnerin im Restaurant schaute mich immer wieder durch die Innentür an. Schließlich öffnete sie sie. Ich war mir sicher, dass man mich gleich rausschmeißen würde, aber stattdessen lächelte sie höflich und sagte: „Sir, da drinnen ist ein Herr, der Sie zum Frühstück einladen möchte."

Ich war sofort misstrauisch. Aber es war auch eine Gelegenheit, bis zum Sonnenaufgang drinnen zu bleiben. „Okay", sagte ich, stand auf und folgte ihr zu dem Tisch, an dem der Mann saß.

Ich nahm ihm gegenüber Platz, er lächelte und schüttelte mir die Hand. Während die Kellnerin meinen Kaffee holte, sagte ich: „Hör zu, Alter, ich sage dir gleich, wenn du nach etwas Action suchst, suchst du am falschen Ort. Ich spiele diesen Scheiß nicht mit."

Er gluckste leise und sagte: „Ich bin mir nicht sicher, wovon Sie reden, aber ich will nichts. Ich sah Sie mit hängenden Schultern am Fenster vorbeigehen, und als Sie nicht hereinkamen, dachte ich mir, dass Sie etwas zu essen gebrauchen könnten, oder zumindest einen Kaffee. Bestellen Sie, was Sie wollen. Keine Bedingungen, okay? Ich heiße Steve."

Ich streckte die Hand aus, um ihm erneut die Hand zu schütteln, und sagte: „Ich bin Rob."

Dann nahm ich die Speisekarte und bestellte ein besonders großes Frühstück, damit ich noch etwas zu essen vor mir stehen hätte und bleiben könnte, falls er ging.

Ich bemerkte das verblasste US Marine Corps Tattoo auf seinem Unterarm und fragte, ob er schon lange dabei sei. Es stellte sich heraus, dass er zur gleichen Zeit wie mein Vater in Vietnam gedient hatte. Dann sprachen wir über unsere Kinder. Irgendwann gab ich schließlich zu, dass ich gerade erst in die Stadt zurückgekommen war, nachdem ich einige Zeit gesessen hatte, und alles, was ich besaß, die Kleider an meinem Körper und die Dinge in dem Umschlag auf dem Tisch waren.

„Hören Sie", sagte Steve, „warum lassen Sie mich Ihnen nicht für ein paar Tage ein Zimmer besorgen?"

„Auf keinen Fall", antwortete ich. Warum wollte der Typ das tun? „Wie kommen Sie dazu?", fragte ich ihn.

„Es gab eine Zeit, da war ich in einer ähnlichen Situation wie Sie", sagte Steve, „und jemand hat mir geholfen. Ich wollte mich bei ihm revanchieren, aber alles, was er zu mir sagte, war: ‚Wenn du irgendwann in der Zukunft jemandem helfen kannst, dem es schlecht geht, dann tu es.' So einfach ist das."

Ich war gerührt von Steves Geschichte, aber ich habe das Zimmer, das er mir angeboten hat, nicht genommen. Das war vor zweiundzwanzig Jahren. Ich habe meinen Sohn nie wiedergesehen. Das Leben selbst war zu viel für mich. Ich bin wieder im Gefängnis, dieses Mal im Todestrakt.

KAPITEL 9
EIN GLITZERNDES COWBOY-MÄRCHEN

Benny Binion wurde 1904 in der Nähe von Dallas, Texas, geboren. Als kleiner Junge reiste er mit seinem Vater, einem Pferdehändler, zu Bezirksmessen in ganz Texas, anstatt die Schule zu besuchen. In diesen frühen Jahren lernte er auch das Glücksspiel kennen, und obwohl er weder lesen noch schreiben konnte, verstand Benny Zahlen und spielte Poker mit den Farmern, mit denen sein Vater Geschäfte machte – obwohl das illegal war.

1920 wurde der Verkauf von Alkohol in den Vereinigten Staaten verboten, womit die dreizehnjährige Ära der Prohibition begann. Aber Benny erkannte seine Chance und fing im Alter von nur achtzehn Jahren an, seinen eigenen Schnaps schwarzzubrennen. Er verkaufte ihn in der Gegend von Dallas, was ihn zwar ein paar Mal ins Gefängnis brachte, aber nicht aufhalten konnte.

Mit vierundzwanzig Jahren kombinierte er den Schnapsverkauf mit illegalem Glücksspiel. Er betrieb ein No-Limit-Craps-Spiel im Hinterzimmer eines Hotels in der Innenstadt von Dallas, wo er große Geldgeber bediente, die ihr

Vermögen im texanischen Ölgeschäft gemacht hatten. Mit dem Glück auf seiner Seite und dem örtlichen Sheriff in der Tasche, wurde er schließlich selbst reich.

Benny war ein ziemlich nachtragender Mensch und mit dreiunddreißig hatte er zwei Männer getötet, die ihm in die Quere gekommen waren. Der erste war ein Rumschmuggler namens Frank Bolding. Bolding hatte versucht, Benny mit einem Messer anzugreifen, aber Benny hatte sich rückwärts über eine Kiste gerollt und war schießend wieder aufgetaucht. Seine Schießtechnik brachte ihm den Spitznamen „Cowboy" ein. Der zweite Mann, den er tötete, war Ben Frieden, der eine rivalisierende Spielhalle betrieb. Benny überfiel ihn aus dem Hinterhalt, während er in einem geparkten Auto saß, und schoss ihm dreimal ins Herz. Obwohl Benny für den ersten Mord verurteilt wurde, verbüßte er nur eine zweijährige Bewährungsstrafe. Als er Frieden tötete, schoss er sich jedoch absichtlich in die Schulter und behauptete, er habe in Notwehr gehandelt.

Mit der Zeit erwarb Benny gegnerische Glücksspielschläger von anderen Mafiosi, die auf mysteriöse Weise starben. Das FBI verdächtigte Benny, mehrere Mafiabosse getötet zu haben, konnte es aber nie beweisen. Als jedoch der Sheriff von Dallas County, der ihm geholfen hatte, abgewählt wurde, verlor Benny seine Staatshilfe. Zur gleichen Zeit ging der Zweite Weltkrieg zu Ende und die Chicagoer Mafia ließ sich in der Gegend von Dallas nieder. Also schnappte sich Benny Binion seine Frau, seine zwei Söhne und seine drei Töchter und zog mit ihnen nach Las Vegas, um sein nächstes Imperium aufzubauen.

———

1951 eröffnete er das Binion's Horseshoe Casino in der Fremont Street in Las Vegas und veränderte das Gesicht des

Glücksspiels. Sein Kasino war das erste, in dem Teppichboden anstelle von sägemehlbedecktem Holz verlegt wurde und in dem hohe Limits angeboten wurden, was die High Roller anlockte. Es war auch das Erste, das den Spielern kostenlose Getränke, 2-Dollar-Steaks und den High Rollern kostenlose Hotelzimmer anbot.

Benny erfand die Casinos in Las Vegas neu, aber wenige Jahre später wurde er wegen Steuerhinterziehung verurteilt und verkaufte den Großteil des Horseshoe. Es dauerte elf Jahre, bis die Binion-Familie die Kontrolle über das Casino wiedererlangte, aber wegen seiner Verurteilung durfte Benny keine Glücksspiellizenz mehr besitzen. Also übernahmen seine fünf Kinder die Spielbank, unter anderem sein Sohn Ted Binion, der die Rolle des Casino-Managers übernahm.

———

Ted Binion wurde das neue Gesicht des Horseshoe Casinos und blieb es für die nächsten dreißig Jahre. Wie sein Vater hielt sich Ted für einen Cowboy. Als Junge hatte er die Sommer auf der 85.000-Acre-Ranch der Familie in Montana verbracht und mit den Rancharbeitern gearbeitet.

Obwohl im Herzen ein Cowboy, war Ted exzentrisch und liebte das glitzernde Leben in Las Vegas – Partys mit prominenten Gästen, Showgirls, Stripperinnen und Mitgliedern des organisierten Verbrechens. Er hatte auch eine Affinität zu Drogen.

Die Nevada Gaming Commission wusste von Teds Drogenkonsum und seiner Verbindung zum organisierten Verbrechen. Also beobachteten sie jeden seiner Schritte. Als sie Ted aufforderten, sich einem Drogentest zu unterziehen, wurde er wütend. Da er wusste, dass die Drogen in seinen Haaren viel länger nachweisbar waren als in seinem Blut, erschien Ted zum Drogentest mit rasiertem Körper, damit sie keine Haarproben nehmen konnten.

Irgendwann wurde Ted unweigerlich wegen Drogenhandels verhaftet. Die Verurteilung und seine Verbindung zum organisierten Verbrechen war zu viel für die Nevada Gaming Commission. 1986 wurde er dauerhaft von seiner Managementrolle im Horseshoe ausgeschlossen.

Der Verlust seiner Position im Casino und der Tod seines Vaters im Jahr 1989 lasteten schwer auf ihm. Nachdem er seine Lebensgrundlage verloren hatte, verbrachte Ted die meiste Zeit unter Drogen. Er rauchte Marihuana und nahm Xanax, aber seine Lieblingsdroge war schwarzes Heroin. Doch Ted wusste um die Gefahren seines Lebensstils. Seine Schwester Barbara, die ähnliche Drogenprobleme hatte, hatte 1977 Selbstmord begangen. Daher legte Ted Wert darauf, sein Heroin nur zu rauchen und nicht zu spritzen, um die Gefahr einer Überdosis zu verringern.

Irgendwann nahm Teds Frau die gemeinsame Tochter und verließ ihn. Nachdem sie gegangen war, verbrachte er immer mehr Zeit in Strip-Clubs in Las Vegas, wo er eine junge Tänzerin namens Sandy Murphy kennenlernte.

———

Sandy Murphy war eine junge, erdbeerblonde Schönheit aus Südkalifornien. Sie hatte die Highschool abgebrochen und lebte mit einem älteren Mann in der Nähe des Strandes südlich von Los Angeles, wo sie gerne surfte. Doch als diese Beziehung in die Brüche ging, packte sie 1995 mit einer Freundin ihre Koffer und zog nach Las Vegas.

Mit nur einundzwanzig Jahren kam Sandy mit 15.000 Dollar in Las Vegas an und hatte noch nie in ihrem Leben gespielt.

Am Ende der ersten Nacht im Caesars Palace hatte sie am Black-Jack-Tisch alles verloren.

Sandys Freundin war eine Dessous-Designerin und die beiden Mädchen gründeten ein Geschäft, das Stripperinnen in Las Vegas belieferte. Die Mädchen richteten einen Tisch in einem Club namens Cheetah's ein, wo ihre Freundin die Outfits verkaufte und Sandy sie vorführte. Als Ted sah, wie Sandy das Cheerleader-Outfit der Dallas Cowboys zeigte, war er sofort Feuer und Flamme. Er lud sie auf einen Drink ein, und sie verstanden sich auf Anhieb.

Ted und Sandy begannen sich zu verabreden, aber sie wusste nicht wirklich, was er beruflich machte. Ted sah sicherlich nicht wie ein Millionär aus. Er fuhr einen Pick-up und trug Cowboystiefel und Levi's. Als er sie also zum Horseshoe mitnahm und ihr sagte, dass der Laden ihm gehöre, hatte sie ihre Zweifel. Daran änderte auch seine Erklärung nichts, dass er sein eigenes Casino nicht betreten durfte.

Obwohl Sandy weniger als halb so alt war wie er, verliebten sie sich ineinander und sie zog in sein 8.500 Quadratmeter großes Haus. Er kaufte ihr ein Mercedes Cabrio und gab ihr eine Kreditkarte mit einem Limit von 10.000 Dollar. Sie wurde in ein Leben im Luxus gestoßen.

Dem Rest der Binion-Familie passte ihre Beziehung jedoch nicht. Insbesondere seine älteste Schwester glaubte, dass Sandy nur auf sein Geld aus war. Seine neue Partnerschaft, gepaart mit seiner Unfähigkeit, im Familienunternehmen zu arbeiten, trieb einen weiteren Keil zwischen Ted und seine Familie.

Gleichzeitig schürte der exzessive Drogenkonsum seine Paranoia. Er vertraute seiner Familie nicht und er vertraute den Banken nicht. Und da er das Horseshoe nicht mehr betreten durfte, musste er seine Habseligkeiten aus einem bodentiefen Tresor im Keller des Casinos herausholen. Der Tresor beherbergte seine riesige Silbersammlung, die nun an einen anderen Ort gebracht werden musste.

Auf einem kleinen Stück Land, das er in der Wüste sechzig Meilen westlich von Las Vegas besaß, ließ Ted einen unterirdischen Betonbunker bauen, in dem seine Wertsachen untergebracht werden sollten. Das Gewölbe wurde zwölf Fuß unter der Oberfläche des Wüstenbodens gebaut, und in seinem Inneren lagerte er sechs Tonnen Silberbarren, Papiergeld, Horseshoe-Casino-Chips und über 100.000 seltene Münzen, darunter extrem seltene Carson City Silberdollars. Allein deren Wert wurde auf bis zu 14 Millionen Dollar geschätzt.

Der Bunker wurde unter extremer Geheimhaltung gebaut, und nur wenige Personen aus seinem unmittelbaren Umfeld wussten von seiner Existenz. Er hatte eine Speditionsfirma, MRT Transport, mit dem Bau und dem heimlichen Transport seiner Sammlung vom Horseshoe zum neuen Standort beauftragt. Nachdem die Wertsachen umgelagert worden waren, kannten nur zwei Personen den Sicherheitscode, um den unterirdischen Tresorraum zu betreten: Ted Binion und der Eigentümer von MRT Transport, Rick Tabish.

———

Ted hatte Rick Tabish ausgerechnet an einem Pissoir getroffen, an dem sie sich über Montana unterhalten hatten, wo beide Männer ihre Kindheit verbracht hatten. Tabish war zwar wegen Diebstahls verurteilt worden, aber ein gut aussehender, begnadeter Redner und so wurden sie bald Freunde. Rick wurde schnell ein fester Bestandteil seines Lebens. Ted heuerte ihn an, um Gelegenheitsarbeiten zu erledigen, was schließlich zum Bau des Wüstengewölbes führte.

Mitte 1998 eskalierte Teds Drogenkonsum zusehends und seine Beziehung zu Sandy ging in die Brüche. Er hatte angefangen, sie zu schlagen, und sie wurde oft mit blauen Flecken gesehen – einmal fehlte ihr sogar ein ganzes Büschel Haare. Seine Paranoia geriet außer Kontrolle. Er nahm immer mehr Drogen und trug ständig eine Waffe mit sich.

Anfang September brachte Ted seinen Nachbarn, einen Arzt, dazu, ihm ein Rezept für Xanax auszustellen, ein Medikament gegen Angst- und Panikattacken. Am nächsten Tag löste Ted das Rezept persönlich in einer nahegelegenen Apotheke ein. Am 16. September 1998 kaufte er dann zwölf Tüten schwarzes Heroin von einem Dealer auf den Straßen von Las Vegas.

Kurz vor 16:00 Uhr am nächsten Tag betrat Sandy Murphy das Haus, in dem sie noch immer mit Ted Binion wohnte, und fand ihn leblos auf einer Yogamatte in der Mitte des Wohnzimmers. Eine leere Flasche Xanax lag neben ihm auf dem Boden. Verzweifelt rief sie den Notruf, aber für ihn kam jede Hilfe zu spät. Der Gerichtsmediziner stellte eine Überdosis Heroin und Xanax als Todesursache fest.

Als die Polizei eintraf, weinte Sandy so hysterisch, dass sie ins Krankenhaus gebracht werden musste. Dort bemerkten die Schwestern jedoch, dass ihr Weinen übermäßig theatralisch wirkte. Manchmal schien es, als würde sie buchstäblich die Worte „wäh, wäh" weinen.

Als sie wieder ins Haus zurückkehren durfte, brachte sie ihren Anwalt mit und filmte das ganze Haus. Sie glaubte, dass entweder die Familie Binion oder die Polizei zahlreiche Gegenstände aus dem Haus gestohlen hatte. Mit dem Video wollte sie eine Bestandsaufnahme des Hauses machen, was ihr später zum Verhängnis werden sollte.

Die Nachricht von Ted Binions Tod kam sofort in den Fernsehnachrichten. Als sein Anwalt das hörte, kontaktierte er die Polizei. Er erklärte ihnen, dass Ted einen Tag vor seinem Tod zu ihm gekommen sei und ihn darum gebeten habe, Sandy aus dem Testament zu streichen. Der Jurist behauptete, dass Ted ihr nicht mehr vertraute und ihm gesagt habe: „Streich Sandy aus dem Testament, falls sie mich heute Abend nicht umbringt. Falls ich sterbe, wirst du wissen, was passiert ist."

Auch der Las Vegas Police Sergeant Steve Huggins hatte kurz vor seinem Tod ein seltsames Gespräch mit Ted geführt. Ted hatte den Sergeant angerufen und ihm gesagt, dass er im Falle seines Todes zu einem kleinen Stück Land fahren sollte, das er in Pahrump, Nevada, besaß. Er erzählte ihm, dass er Silber in Höhe von mehreren Millionen Dollar vergraben hatte und sicherstellen wollte, dass seine Tochter es bekam.

———

Zwei Tage nach Teds Tod kam die Polizei um 2:00 Uhr morgens an der Wüstengruft an und fand Rick Tabish und zwei weitere Männer mit einem Bagger und einem Sattelauflieger vor, die gerade den Tresorraum aushoben. Tabish behauptete, dass er ihn auf Teds Anweisung hin ausgegraben hatte, um sicherzustellen, dass seine Tochter Bonnie den Inhalt bekam, aber die Polizei glaubte ihm kein Wort. Tabish wurde verhaftet und wegen schweren Diebstahls angeklagt. Überraschenderweise zahlte Sandy Murphy am nächsten Tag seine Kaution. Bald wurde klar, dass die beiden eine Affäre hatten.

———

Fünf Monate waren vergangen, seit Ted in seinen Cowboystiefeln und mit seinem Hut auf dem Sarg beerdigt worden war. Die Familie Binion akzeptierte den Bericht des Gerichtsmediziners nicht und bedrängte die Polizei bezüglich der offiziellen Todesursache von Ted. Sie bestanden darauf, dass der Gerichtsmediziner einen Fehler gemacht und Ted weder eine Überdosis genommen noch Selbstmord begangen habe. Sie glaubten vielmehr, dass Sandy Murphy und Rick Tabish ihn ermordet hatten.

Die Binion-Familie hatte großen Einfluss in Las Vegas und engagierte Tom Dillard, einen ehemaligen Detective der Mordkommission, der inzwischen Privatdetektiv war, damit er Teds Tod untersuchte. Seiner Meinung nach deutete alles auf Mord hin. Auf Drängen der einflussreichen Binion-Familie stufte der Gerichtsmediziner Teds Tod schließlich als Mord ein. Einen Monat später verhaftete die Polizei von Las Vegas Sandy Murphy und Rick Tabish und klagte sie wegen Mordes ersten Grades, Verschwörung, Raubes, schweren Diebstahls und Einbruchs an.

Der Staatsanwalt von Las Vegas hatte einen neuen medizinischen Gutachter engagiert, Michael Baden. Baden war ein berühmter Gerichtsmediziner und bekannt für seine hochkarätige Arbeit an den Fällen von OJ Simpson und Phil Spector. Zu seinen jüngeren Arbeiten gehörten die Autopsien von Jeffrey Epstein und George Floyd.

Baden war mit dem ursprünglichen Bericht des medizinischen Gutachters nicht einverstanden. Er glaubte, die roten Flecken auf Teds Brust seien Abdrücke von den Knöpfen seines Hemdes. Seiner Theorie nach hatte sich jemand auf seinen Brustkorb gesetzt und ihm so die Luft zum Atmen genommen. Er wies außerdem darauf hin, dass weitere rote Flecken um Teds Mund belegten, dass er mit einer Hand oder einem Kissen erstickt worden sein könnte. Baden stellte die Hypothese auf, dass er durch das sogenannte „Burking" getötet wurde.

Beim Burking wird ein Opfer getötet, indem sich jemand auf seine Brust setzt und es gleichzeitig mit einer Hand oder einem Kissen erstickt. Dies geschieht in der Regel, während das Opfer alkoholisiert ist. Diese Methode ist dafür bekannt, kaum Spuren zu hinterlassen. Ihren Namen bekam sie von

William Burke, der sie Ende des 17. Jahrhunderts mit seinem Partner William Hare einsetzte, um Frauen zu töten. Das Duo verkaufte die Leichen anschließend zum Sezieren bei Anatomievorlesungen.

In der Verhandlung hetzte die Staatsanwaltschaft die Zeugen gegen Sandy und Tabish auf. Baden präsentierte seine Theorie, dass Ted durch Burking getötet wurde und behauptete, dass kaum jemand durch das Rauchen von Heroin stirbt. Der forensische Pathologe sagte jedoch aus, dass in Teds Magen sowohl Heroin als auch Xanax gefunden wurde, was bedeutete, dass er das Heroin eingenommen und nicht geraucht hatte. Doch auf diese Weise hatte Ted noch nie Heroin konsumiert.

Ein Kindheitsfreund von Rick Tabish sagte aus, dass Tabish ihn gebeten habe, ihm bei der Ermordung von Ted zu helfen. Er habe ihm eine Bezahlung in Silber und Diamanten angeboten, sobald der Job erledigt sei. Einer seiner Mitarbeiter gab an, er habe ihm gegenüber damit geprahlt, dass er Sandy Murphys Geliebter und gerade dabei sei, Teds vergrabenen Schatz zu stehlen.

Eine der belastendsten Zeugenaussagen war die von Sandys Kosmetikerin. Sandy habe ihr drei Wochen vor Teds Tod während einer Maniküre erzählt, dass Ted ein Drogenproblem habe und bald eine Überdosis Heroin nehmen würde. Sie behauptete, dass Sandy ihr anvertraut habe, dass sie nach Teds Tod reich sein würde und endlich mit ihrem Freund zusammen sein könnte.

Das Video, das Sandy und ihr Anwalt von dem Haus nach Teds Tod aufgenommen hatten, wurde nun von der Staatsanwaltschaft als Beweismittel eingebracht. Sie behauptete, es zeige, wie Sandy während des Aufnehmens ein Weinglas genommen und in ihre Handtasche gesteckt habe. Sie stellte die Hypothese auf, das Weinglas enthielte Spuren eines Xanax- und Heroin-Cocktails, weshalb sie es versteckt habe.

Murphy und ihr Anwalt behaupteten das Gegenteil. Das Video sei ein Beweis dafür, dass die Polizei das Haus nicht als Tatort behandelt habe und dass alle Beweise entweder nicht gesichert oder verunreinigt worden wären.

Es bestand kein Zweifel daran, dass Ted Binion ein paranoider Drogensüchtiger war, aber das bewies nicht, dass er eine Überdosis genommen oder Selbstmord begangen hatte. Nach einem zweimonatigen Prozess und acht Verhandlungstagen wurden sowohl Tabish als auch Sandy in zwölf Anklagepunkten für schuldig befunden. Im Alter von nur achtundzwanzig Jahren wurde Sandy Murphy zu zweiundzwanzig Jahren Gefängnis verurteilt, Tabish zu fünfundzwanzig Jahren. Aber das ist noch nicht das Ende der Geschichte.

————

Sandy war nicht ohne Plan ins Gefängnis gegangen. Unmittelbar nach ihrer Verurteilung schrieb sie einen dreißigseitigen Brief an Alan Dershowitz und fragte ihn, ob er ihre Berufung betreuen würde.

Dershowitz war bekannt für seine Arbeit an dem Fall OJ Simpson und bekam täglich Briefe von Verurteilten aus dem ganzen Land. Sandys Schreiben war jedoch sehr überzeugend gewesen, und nachdem er die Beweise geprüft hatte, nahm er den Fall an. Er glaubte, dass Badens Beweise für das Burking fehlerhaft waren.

Alle Anwaltsrechnungen von Sandy wurden von einem Wohltäter namens Bill Fuller bezahlt. Der Zweiundachtzigjährige war einer der bekanntesten Musikpromoter der Geschichte und hatte im Laufe seiner Karriere einige der erfolgreichsten

Musikstätten der Welt geleitet. Er arbeitete mit einer langen
Liste von Musikern zusammen, darunter Johnny Cash, Patsy
Cline, U2, Oasis, The Sex Pistols und viele andere. In den
1970er Jahren zog der exzentrische Ire nach Nevada, um Gold
zu schürfen. Als er Sandys Geschichte hörte, war er sofort
fasziniert. Er sagte, er fühlte sich zu ihr hingezogen, weil er an
ihre Unschuld glaubte und ihr Nachname irisch war.

Sandy Murphy hatte vier Jahre im Florence McClure
Women's Correctional Center und mit der Erinnerung an ihre
Tage beim Surfen in Dana Point verbracht, als ihre Verurteilung im Juli 2003 vom Obersten Gerichtshof von Nevada
aufgehoben wurde.

Obwohl sowohl Sandy als auch Tabish in zwölf Anklagepunkten verurteilt worden waren, hatte der Richter bei der
Beratung einen Fehler gemacht. Tabish hätte separat für die
Anklage wegen Körperverletzung und Erpressung verurteilt
werden müssen, da sie sich gegen einen anderen Geschäftsmann aus Las Vegas richtete und in keinem Zusammenhang
mit dem Mordfall Ted Binion stand. Der Richter hatte zudem
Zeugenaussagen über Teds Testament als Beweismittel zuge-
lassen und die Jury nicht darüber informiert, dass die Informationen nur eine Darstellung von Teds Geisteszustand
waren – und kein Beweis dafür, dass seine Freundin ihn töten
wollte. Aufgrund dieser Fehler wurde sowohl Sandy als auch
Tabish ein neuer Prozess gewährt.

Bei der zweiten Verhandlung kleckerte Sandy nicht. Sie und
Tabish engagierten den extravaganten Bürgerrechtsanwalt
Tony Serra. Serra wies darauf hin, dass die Flecken auf Teds
Brust alles Mögliche gewesen sein könnten, von Dermatitis
über Hautkrebs bis hin zu Zigarettenverbrennungen. Baden
hatte Teds Leiche nicht einmal untersucht, sondern nur
anhand von Fotos der ursprünglichen Autopsie Vermutungen
angestellt. Um Badens ursprüngliche Aussage weiter zu
widerlegen, brachte die Verteidigung neun medizinische

Experten ins Spiel, die bezeugten, dass seine Theorie zum Burking unlogisch war.

Während des zweiten Prozesses gab Sandys Kosmetikerin, die während des ersten Prozesses gegen sie ausgesagt hatte, zu, dass die Familie Binion sie bestochen hatte. Sie hatte nach ihrer ersten Aussage 20.000 Dollar aus Teds Nachlass erhalten. Auch Tabishs Jugendfreund, der im ersten Prozess ausgesagt hatte, kehrte in den Zeugenstand zurück. Diesmal behauptete er, dass Tabish nur einen Scherz gemacht habe, als er ihm Geld für den Mord an Ted angeboten habe.

Ihre Verteidigung funktionierte und sowohl Sandy als auch Tabish wurden des Mordes ersten Grades für nicht schuldig befunden. Was die übrigen Fälle von Einbruchdiebstahl und schwerem Diebstahl betraf, wurden beide jedoch für schuldig befunden. Die Staatsanwaltschaft hatte nicht behauptet, dass sie bei Tabish gewesen war, als er das Silber ausgrub, sondern sie als Mitverschwörerin angeklagt, weil sie Tabishs Kaution bezahlt hatte. Sandy wurde zu einer Haftstrafe verurteilt und wurde sofort aus dem Gefängnis entlassen.

Rick Tabish dagegen wurde außerdem wegen des Gebrauchs einer tödlichen Waffe verurteilt und ins Gefängnis zurückgebracht. Ursprünglich sollten seine Strafen nacheinander verhängt werden, aber 2009 wurden sie auf eine gleichzeitige Verurteilung reduziert, bevor er 2010 auf Bewährung entlassen wurde.

Tabish zog nach Butte, Montana, wo er ein Start-up gründete, das Dienstleistungen für die Öl-Fracking-Industrie anbot. Jahre später gründete er ein 100-Millionen-Dollar-Bitcoin-Mining-Unternehmen, das er heute noch leitet. Abgesehen von einer Verurteilung wegen Trunkenheit am Steuer hat es Tabish seither geschafft, sich aus Schwierigkeiten herauszuhalten. Anfang 2020 wurde sein Kryptowährungsgeschäft jedoch vorübergehend eingestellt, nachdem einer seiner

Kollegen angeklagt wurde, ein Ponzi-Schema in Höhe von
722 Millionen Dollar betrieben zu haben.

Sandy Murphy zog zurück nach Kalifornien, wo sie heute als
Künstlerin arbeitet und mit ihrem Mann eine Kunstgalerie in
Laguna Beach leitet. Sie hat zwei Kinder und trägt den
Namen ihres Ehemannes, Pieropan.

KAPITEL 10
BLUE MIST #22

An einem verschneiten Januarmorgen im Jahr 1972 schnappte sich die achtjährige Shelly Mickelson ihre Jacke und ging mit einer Freundin aus ihrer vierten Klasse der Marshall Elementary School zu Fuß in Richtung ihres Elternhauses in Flagstaff, Arizona. Wie an jedem anderen Tag erwartete ihre Mutter sie zur Mittagspause zu Hause. Aber noch bevor Shelley das Baseballfeld zwischen der Schule und ihrem Haus hinter sich gelassen hatte, hielt ein vertrauter grüner Chevy Chevelle neben ihnen an. Es war ihr Nachbar, der dreiundzwanzigjährige Robert Moorman.

Moorman war wegen einer geistigen Behinderung in Therapie und arbeitete als Tellerwäscher in einem nahegelegenen Restaurant. Er lebte mit seiner Mutter nur ein paar Blocks vom Haus der Mickelson entfernt und war ihrer Familie gut bekannt. Anfang der Woche war er erst bei ihnen zu Hause gewesen, um zu fragen, welche Spielsachen Shelly mochte, damit er etwas für sie kaufen konnte.

Moorman kurbelte das Fenster auf der Beifahrerseite herunter und rief Shelly zu, dass er gekommen sei, um sie zum Mittagessen zu fahren. „Es ist okay für deine Mutter", log er. Shelly hatte keinen Grund, ihm nicht zu vertrauen. Also stieg sie in sein Auto, und die beiden fuhren davon, während das andere Mädchen seinen Heimweg fortsetzte.

Es dauerte nicht lange, bis Shelleys Mutter wusste, dass etwas nicht stimmte. Als ihre Tochter nicht zum Mittagessen erschien, rief sie in der Schule an. Einer der Lehrer hatte gesehen, wie Shelly in das Auto eingestiegen war, hatte sich aber zu diesem Zeitpunkt nichts dabei gedacht, da Moorman auch im Kollegium bekannt war.

Nachdem Shelly als vermisst gemeldet worden war, wurde sofort eine groß angelegte Polizeifahndung eingeleitet und die Medien alarmiert. An diesem Abend war die Geschichte des entführten Mädchens der Aufmacher in den Nachrichten der lokalen Fernsehsender.

Als die Polizei Moormans Bewegungen zurückverfolgte, fand sie heraus, dass er zuvor an diesem Tag im Restaurant um einen Vorschuss von 10 Dollar auf seinen Gehaltsscheck gebeten und einen 5-Dollar-Scheck bei einer örtlichen Bank eingelöst hatte. Dann hatte er sich eine 22er von einem Freund geliehen, in einem Waffengeschäft im Ort zwei Gewehre für 60 Dollar verpfändet und Munition für die Handfeuerwaffe gekauft.

Spät am Abend rief ein Motelmanager in der Kleinstadt Ash Fork, Arizona, die Polizei. Er hatte in den Abendnachrichten gesehen, dass Moorman wegen Entführung gesucht wurde. In den Nachrichten waren Fotos von ihm, dem jungen Mädchen und seinem grünen Chevy Chevelle gezeigt worden. Obwohl er Shelly nicht gesehen hatte, erkannte der Motelmanager Moorman und das Auto. Er hatte unter seinem richtigen Namen in das Motel eingecheckt und dem Manager gesagt, dass er dort mit seiner Nichte übernachte.

Die Polizei wies den Mann an, schnell sein eigenes Auto hinter das von Moorman zu stellen, damit er nicht wegfahren konnte, doch als er nach draußen kam, war Moorman mit dem Mädchen bereits verschwunden. Er hatte die gleiche Nachrichtensendung gesehen.

Als die Polizei das Motelzimmer betrat, fanden sie nur noch die Baseballmütze, die er früher am Tag getragen hatte, ein Seil und die Pfandscheine für die beiden Gewehre.

Moorman hatte das Mädchen in ein anderes Motel in der Nähe von Kingman, Arizona, gebracht. In der nächsten Nacht fuhren sie weiter in Richtung Norden zu einem Motel in Lake Mead, an der Grenze zwischen Arizona und Nevada. Polizei und FBI zogen derweil im gesamten Nordwesten Arizonas von Motel zu Motel, verpassten ihn aber jedes Mal.

Am nächsten Morgen war Moorman frustriert. Ihm gingen die Möglichkeiten aus und er wusste, dass die Polizei hinter ihm her war. Es war nur eine Frage der Zeit, bis man ihn erwischen würde. Sein Frust eskalierte, als sein Chevelle am Straßenrand liegen blieb. Wütend stieg er aus, ging weg und ließ das Mädchen allein im Auto zurück.

Der Januar in Nord-Arizona lag weit unter dem Gefrierpunkt. Er wusste, dass Shelly in dem verlassenen Auto erfrieren würde. Doch da er ihre Schreie nicht länger ertragen konnte, kehrte er schließlich um und ließ sie aus dem Auto.

Er nahm sie bei der Hand, hielt den Daumen raus und lief mit ihr am Rand des eingefrorenen Highways entlang. Obwohl ihm das Mädchen leidtat, hatte er mehr Mitleid mit sich selbst und wollte raus aus der dummen Situation, in die er sich gebracht hatte. Wenn sie niemanden fanden, der sie mitnahm, würde er das Mädchen töten und die Leiche am Straßenrand zurücklassen.

———

Mr. und Mrs. Swanson waren gerade mit ihrem Wohnmobil unterwegs, als sie Moorman und Shelly am Straßenrand sahen und ihnen eine Mitfahrgelegenheit anboten. Shelly war kalt und zitterte – und an ihren roten Augen konnte das Paar erkennen, dass sie geweint hatte. Mrs. Swanson machte den beiden im hinteren Teil des Wohnmobils etwas zu essen, während Mr. Swanson nach Norden in Richtung Las Vegas fuhr. Als Shelly aufgegessen hatte, legte Mrs. Swanson sie auf das Bett im hinteren Bereich und sagte ihr, sie solle sich ausruhen.

Als sie zum vorderen Teil des Wohnmobils zurückkehrte, hatte Moorman die Kugeln aus seiner Pistole entfernt, sie auf den Tisch gelegt und gefragt, ob sie eine Schublade hätten, in der er seine Waffe aufbewahren könne. Als sie in Richtung Las Vegas fuhren, überredeten die Swansons ihn, sich der Polizei zu stellen.

Moorman stimmte zu und Mr. Swanson fuhr zur nächsten Polizeistation.

————

Robert Moorman betrat das Polizeirevier von Las Vegas und legte seine Handfeuerwaffe und ein Paar Handschellen auf den Schreibtisch vor dem diensthabenden Beamten. „Ich werde wegen der Entführung eines kleinen Mädchens gesucht", sagte er. Der Beamte fragte, wo das Mädchen sei, und Moorman zeigte nach unten. Als der Beamte über sein Stehpult spähte, sah er Shelly Mickelson.

Abgesehen von einigen leichten Abschürfungen durch das Seil schien Shelly körperlich unverletzt zu sein, und die Familie Mickelson dachte, die schreckliche Tortur sei vorbei. Bei der Befragung durch die Polizei sagte Shelly jedoch, dass sie von Moorman belästigt worden sei. Es war also noch lange nicht vorbei für Robert Moorman, der wegen Entführung angeklagt und nach Arizona zurückgebracht wurde.

———

Moorman war der Polizei von Flagstaff bereits in der Vergangenheit aufgefallen, war aber nie verhaftet worden. Zum ersten Mal war sie dem jungen Robert begegnet, als er versehentlich auf seine Mutter geschossen hatte. Beim zweiten Mal hatte er ihr Haus in Brand gesetzt. Wiederum wurde er von seiner Mutter gedeckt, die der Polizei erklärte, es wäre ein Unfall gewesen. Als er sechzehn war, wurden die Beamten zum Haus der Moormans gerufen, nachdem er mit einem Seil ein achtjähriges Mädchen gefesselt hatte. Mit der Behauptung, sie hätten nur „Cowboy und Indianer" gespielt, wurde Moorman ohne Anklage freigelassen. Die Anklage wegen Entführung konnte seine Mutter jedoch nicht verhindern.

Während der Befragung leugnete Moorman, Shelly belästigt zu haben, und behauptete, er habe einen Blackout gehabt und könne sich nicht daran erinnern, dass so etwas passiert sei. Er gab jedoch zu, dass er das Mädchen töten wollte. Ursprünglich habe er auch die Swansons töten wollen. Als er gefragt wurde, warum er es nicht getan hat, antwortete er: „Weil sie nett zu mir waren."

Moormans Anwalt argumentierte, dass er geistig behindert sei und die Anschuldigungen gegen ihn nicht verstehe, aber zwei von der Staatsanwaltschaft zur Verfügung gestellte Psychiater waren anderer Meinung. Nach der Untersuchung stellten beide fest, dass er geistig gesund und verhandlungsfähig war.

> „Seine Intelligenzminderung ist so gering, dass
> sie nicht als geistige Behinderung einzustufen
> ist."

Beide Psychiater waren sich einig, dass Moorman weder ein
Soziopath noch ein Psychopath war. Seine einzige „Krank-
heit" war die Vorliebe für junge Mädchen. Obwohl ihm Medi-
kamente verschrieben worden waren, um seine sexuellen
Gelüste zu kontrollieren, hatte er die Einnahme Tage vor der
Entführung eingestellt.

Der Richter stimmte mit den Psychiatern überein und kam zu
dem Schluss, dass Moorman fähig genug war, um vor Gericht
zu stehen, und die Anklagepunkte gegen ihn vollständig zu
verstehen.

Im Juni 1972 bekannte sich Moorman der Entführungsan-
klage für schuldig. Vor seiner Verurteilung gab er eine kurze
Erklärung ab, in der er seine Reue zum Ausdruck brachte und
um eine zweite Chance bat, ein neues Leben zu beginnen.
Trotz seines Geständnisses wurde Moorman zu neun Jahren
bis lebenslänglich verurteilt.

––––––

Robert Moorman wurde 1948 als Robert „Bobby" Conger
geboren. Seine leibliche Mutter war bei seiner Geburt erst
fünfzehn Jahre alt gewesen. Sie hatte als Prostituierte gearbeitet, wodurch die Identität des Vaters unbekannt war. Als seine
Mutter siebzehn Jahre alt war, brach sie sich das Genick und
starb bei einem Autounfall. Der zweijährige Robert wurde an
seine Großeltern übergeben, aber das Leben bei ihnen war
nicht besser. Sein Großvater war ein gewalttätiger, miss-
bräuchlicher Alkoholiker und Robert wurde zwangsläufig in
Pflegefamilien untergebracht.

Schließlich wurde er kurz vor seinem dritten Geburtstag von der Familie Moorman adoptiert und in Robert Moorman umbenannt. Sein Adoptivvater, Henry Moorman, war ein erfolgreicher Geschäftsmann, der einen bekannten Taxiservice in der Gegend von Flagstaff betrieb. Als er fünf Jahre alt war, verstarb jedoch sein Adoptivvater, und Robert wurde von seiner Adoptivmutter Roberta „Maude" Moorman allein großgezogen.

Als er in Flagstaff aufwuchs, war Moorman ein pummeliger Junge, der eine große, dicke Brille trug und mit kindlicher Stimme sprach.

Freunde zu finden war schwierig und die anderen Kinder nannten ihn „langsam" oder „zurückgeblieben". Verwandte würden später sagen, dass seine Mutter der einzige wirkliche Freund war, den Robert jemals hatte.

Maude Moorman bestand darauf, dass Robert nicht „zurückgeblieben" sei, sondern nur ein „langsamer Lerner, was Bücher betraf". Schließlich hatte er die Highschool und einen Kurs an einer Friseurschule erfolgreich abgeschlossen.

Da er jedoch keine Stelle als Friseur finden konnte, schrieb er sich für einen weiteren Kurs ein, um Krankenpfleger zu werden. Seine Mutter behauptete, Robert habe vor den Entführungen noch nie etwas Gewalttätiges getan.

Maude unterstützte ihren Sohn und blieb sein ganzes Leben lang an seiner Seite, auch während seiner Inhaftierung. Elf Jahre lang fuhr sie jeden Monat über 200 Meilen mit dem Bus, um ihren Sohn in Florence, Arizona, zu besuchen, einer kleinen Stadt etwa eine Stunde südlich von Phoenix, in der sich das Staatsgefängnis befand.

Nachdem er sieben Jahre seine Strafe abgesessen hatte, wurde Moorman im Januar 1979 auf Bewährung entlassen. Seine Freiheit währte jedoch nicht lange. Denn er wurde bald

wieder inhaftiert, nachdem er durch den Besitz einer Waffe
gegen die Bewährungsauflagen verstoßen hatte. Zurück im
Gefängnis von Florence setzte Maude Moorman ihre Routine
fort, regelmäßig den Bus zu nehmen, um ihren Sohn zu
besuchen.

Im Laufe der Jahre beantragte er immer wieder Bewährung,
doch alle Anträge wurden abgelehnt. Es gab jedoch ein
Programm namens „Compassionate Leave", in dem Häftlinge
bei guter Führung ein kurzer Hafturlaub gewährt wurde.

Moorman hatte seine Zeit im Gefängnis damit verbracht,
gehorsam und produktiv zu sein, also wurde ihm 1983
dreimal ein Gnadenurlaub gewährt. Er nutzte jede Gelegenheit, um sich für jeweils 72 Stunden mit seiner Mutter zu
treffen.

Am Donnerstag, den 12. Januar 1984, wurde Robert Moorman
ein viertes Mal Hafturlaub gewährt. Er schritt durch das
Gefängnistor und ging zum Blue Mist Motel, das nur eine
Viertelmeile westlich der Haftanstalt lag. Es war ein kleines
Motel aus den 1950er-Jahren und bekannt für seine leuchtend
blaue Farbe. Mit den Moteltüren, die sich direkt in Richtung
der geparkten Autos öffneten, und einem eingezäunten
Außenpool erinnerte es an die Filme der 1950er-Jahre.

Wie schon in der Vergangenheit wartete Maude Moorman in
Zimmer 22 auf ihn.

———

Am nächsten Morgen ging Moorman kurz vor 7:00 Uhr zu
einem nahe gelegenen Lebensmittelgeschäft, wo er ein Klapp-
messer, ein Steakmesser und etwas zu essen kaufte. Auf dem
Weg zurück zum Motel hielt er an einer Pizzeria, die einem
ehemaligen Gefängniswärter gehörte, den er kannte. Er
erzählte ihm, dass er auf Urlaub sei, seine Mutter im Motel

besuche und am Abend eigentlich mit ihr in seinem Restaurant essen wolle, sie sich jedoch nicht wohl fühle.

Als Moorman ins Blue Mist Motel zurückkehrte, schaute er im Büro vorbei und unterhielt sich kurz mit Mr. Patel, der das Motel zusammen mit seiner Frau betrieb. Er erzählte ihm, dass es seiner Mutter nicht gut ginge und das dass Zimmer an diesem Tag nicht sauber gemacht werden müsse. Als er das Büro verließ, begegnete er Mrs. Patel, die normalerweise die Zimmer reinigte. Ihr erzählte er, dass es in seinem Zimmer seltsam rieche, und bat sie um ein Desinfektionsspray. Doch als Mrs. Patel ihm die Dose reichte, bemerkte sie, dass der üble Geruch von Moorman ausging. Er schien auch einige Flecken im Gesicht zu haben, die wie winzige Blutstropfen aussahen.

Als Mrs. Patel später am Morgen in den angrenzenden Zimmern sauber machte, bemerkte sie, dass Moorman mehrere benutzte Handtücher vor die Tür geworfen hatte. Als sie sie aufhob, stellte sie fest, dass sie noch schlimmer rochen als er. Sie waren ruiniert. Die anderen Gäste sollten auf keinen Fall etwas von dem Gestank mitbekommen, also warf sie sie in den Müll, anstatt sie zu waschen.

Am Nachmittag schaute eine Freundin von Maude im Motel vorbei. Marianne Southworth lebte in Florence und besuchte Moormans Mutter jedes Mal, wenn sie in die Stadt kam, um ihren Sohn zu besuchen. Als Robert jedoch die Tür öffnete, behauptete er, seine Mutter sei zum Mittagessen gegangen, und er wüsste nicht, wo sie wäre.

Marianne fand es merkwürdig, dass Maudes Geldbörse offen auf dem Tisch lag. Noch seltsamer war jedoch die Temperatur in dem Zimmer, denn trotz der Kälte an diesem Nachmittag im Januar lief die Klimaanlage auf Hochtouren.

Später fragte Moorman Mr. Patel, ob der Müll hinter dem Motel am nächsten Morgen abgeholt werden würde. Seine

Mutter habe etwas Fleisch aus Flagstaff mitgebracht, es sei jedoch verdorben und er müsste es dringend loswerden. Mr. Patel erklärte ihm, dass der Müll erst am Montag abgeholt werden würde – also in drei Tagen.

An diesem Abend fragte Moorman die Besitzer der Pizzeria und des nahegelegenen Schnapsladens, ob er ihre Mülltonnen benutzen dürfte, um „Kuhdärme" loszuwerden, die ihm ein Freund gegeben hatte. Es war gelinde gesagt eine seltsame Anfrage und beide Geschäftsinhaber lehnten ab.

Der Besitzer der Pizzeria hatte im Gefängnis gearbeitet und kannte Moorman. Er konnte sehen, dass Robert nervös und besorgt aussah. Er wusste, dass etwas nicht stimmte. Aus einer Ahnung heraus rief er die Polizei von Florence an. Um 22:30 Uhr klopften die Beamten an Zimmer 22 des Blue Mist Motels. Sie hätten gehört, dass es Moormans Mutter nicht gut gehe, und wollten nach ihr sehen.

Moorman, der nur eine offen stehende Hose und einen Gürtel trug, erklärte ihnen, dass seine Mutter gegen 18:00 Uhr mit einer mexikanischen Frau weggegangen wäre und er nicht wüsste, wo sie war. „Ich mache mir langsam Sorgen um sie, weil sie ihre Medikamente nicht mitgenommen hat."

Als die Beamten fragten, warum er versucht hatte, „Kuhdärme" loszuwerden, antwortete er: „Ein Freund hat sie mir gegeben. Aber ich bin sie inzwischen losgeworden. Ich habe sie einfach die Toilette runtergespült." Bevor die Polizisten das Motel verließen, warfen sie einen Blick in den Müllcontainer hinter dem Motel, um sicherzustellen, dass Moorman nicht log. Obwohl sie nichts Ungewöhnliches fanden, hatten sie das Gefühl, dass er etwas verbarg.

Die Beamten fuhren daraufhin zum Gefängnis und baten die Wärter um eine Beschreibung von Mrs. Moorman.

Spät am Abend steckte Moorman in großen Schwierigkeiten. Er musste dieses „Fleisch" wirklich loswerden. Also rief er im Gefängnis an und erklärte einem Wärter, den er kannte, er hätte fünfundzwanzig Pfund Hundeknochen, die den Gefängnishunden vielleicht gefallen würden. Der Gefängniswärter fand das zwar seltsam, willigte aber ein, ihm zu helfen. Er tauchte ein paar Minuten später mit seinem Truck am Motel auf, nahm die Kiste mit den Knochen und fuhr zurück zum Gefängnis.

Kurz nachdem er wieder in die Haftanstalt zurückgekehrt war, erhielt der Wärter einen Anruf von den Beamten, die am Abend mit Moorman gesprochen hatten. Als sie erwähnten, dass dessen Mutter vermisst wurde und Moorman sich verdächtig verhielt, erzählte er ihnen von der Kiste mit den Knochen, die er gerade abgeholt hatte.

Als die Beamten im Gefängnis ankamen und die Kiste öffneten, stießen sie auf Müllsäcke voller Knochen, die ihrer Meinung nach zu groß für Hundeknochen waren. Sie hielten sie für Menschenknochen. Also brachten sie die Kiste ins Krankenhaus – das medizinische Personal würde es mit Sicherheit wissen.

Während sie auf die Ergebnisse warteten, fuhren die Beamten zurück zum Motel und trafen Moorman an, der gerade das Münztelefon in der Nähe des Büros benutzte. Als er von der Telefonzelle in sein Zimmer zurückkehrte, erklärten sie ihm, dass sie warten würden, bis seine Mutter nach Hause käme und schlugen vor, dass er mit ihnen im Streifenwagen warten sollte.

Die drei saßen über eine Stunde im Auto, bis zwei Beamte aus dem Gefängnis kamen und neben ihnen parkten. Sie hatten die Ergebnisse aus dem Krankenhaus: Die Knochen stammten tatsächlich von einem Menschen.

Als sie Moorman Handschellen anlegten, sagte er zu den Beamten:

„Ich frage mich, ob ich einen Anwalt brauche. Ich überlasse es euch, ob ich einen Anwalt brauche."

Als die Polizei das Zimmer 22 im Blue Mist Motel betrat, waren die Badetücher, das Bettzeug, die Wände des Badezimmers, die Badewanne und der Boden des Badezimmers mit Blut bedeckt. An einem Bockmesser, einem Steakmesser und einem Scheuerschwamm klebte noch menschliches Gewebe.

Seltsamerweise hing der BH seiner Mutter im Schrank, an den 500 Dollar geheftet worden waren.

Obwohl es offensichtlich war, dass er seine Mutter in dem Zimmer getötet hatte, gab es dort keine Spur von ihrer Leiche. Es dauerte jedoch nicht lange, ihre Überreste zu finden. In einem Müllcontainer hinter dem Motel fand die Polizei Maudes Kopf, den in zwei Teile zerteilten Torso, Füße und Hände. Alle Teile waren in Plastiktüten eingewickelt. Den Händen fehlten die Finger. Sie fanden auch die Verpackung der Messer, einen Schlafanzug seiner Mutter und einen Rasierapparat. Ein weiterer Beutel war mit Muskel-, Haut- und Gewebeteilen gefüllt. Aus dem Abwasserkanal wurde ein Finger geborgen.

In Moormans persönlichen Gegenständen in seiner Gefängniszelle fand man ein Notizbuch mit seltsamen Schriften wie einer Anleitung, wie man einen Hund abrichtet, um Einzahlungen in einer Bank zu tätigen. Am meisten beschäftigte die Ermittler jedoch ein Dokument mit dem Titel „Letzter Wille und Testament".

Maude Moorman hatte bereits ein Testament verfasst, in dem sie ihrem Sohn alles hinterließ. Ihr Vermögen in Höhe von ca. 200.000 Dollar sollte jedoch in einen auf seinen Namen laufenden Trust eingezahlt werden, wodurch er nur Zugriff auf die dadurch entstehenden Zinsen gehabt hätte. Sie glaubte nicht, dass er geistig in der Lage gewesen wäre, mit so viel Geld auf einmal umzugehen.

Robert mochte diese Idee nicht und hatte eine Änderung des Testaments aufgesetzt. Sein Änderungsantrag hätte die Vermögenswerte in eine Firma namens RHM Enterprises überführt. RHM Enterprises existierte jedoch in Wirklichkeit nicht und seine Mutter hatte diesen letzten Willen nicht unterschrieben. Die Änderung war auf den 13. Januar datiert, der Tag, an dem er sie ermordete.

Als Moorman auf der Polizeiwache ankam, sagte er zu den Beamten: „Sie können die Anklage ändern. Sie ist tot." Er habe „die Fassung verloren", als seine Mutter ihn bat, „den Platz meines Vaters einzunehmen und Dinge zu tun, mit denen ich nicht umgehen konnte." Er behauptete, seine Mutter hätte ihn seit seiner Kindheit zum Sex mit ihr gezwungen.

> „Meine Mutter und ich hatten einen … wir hatten einen Streit, und währenddessen schlug ich sie ein paar Mal, und dann wurde es schlimmer und ich … ich verlor die Fassung und ich fesselte sie, und sie redete weiter auf mich ein, über Dinge, die, ähm … meine richtige Familie betrafen, und, ich erinnere mich nicht an die genaue Zeit, und ich erstickte sie."

Er erklärte, dass sie Sex gehabt hätten und er ihr ein Kissen auf das Gesicht gepresst hätte, um sie zu ersticken.

> „Dann nahm ich das 409 (Reinigungsspray) und ging in den Waschraum. Ich geriet in Panik, woraufhin ich sie sezierte."

Eine postmortale Untersuchung dessen, was von Maudes Körper übrig war, zeigte jedoch keine Anzeichen sexueller Aktivität. Es wurde auch kein Sperma auf den Laken oder der Kleidung gefunden. Der Gerichtsmediziner stellte vielmehr fest, dass die Zerstückelung akribisch durchgeführt worden war. Er hatte ihr die Füße an den Knöcheln, die Hände an den Handgelenken und die Finger an den Fingerknöcheln abgeschnitten.

Moorman erklärte der Polizei, dass er neun ihrer Finger die Toilette hinuntergespült habe. Ein Finger war weggerollt, als er ihn abschnitt, und er hatte ihn nicht direkt finden können. Später spülte er auch diesen herunter, der dann in der Kanalisation gefunden wurde.

———

In der Verhandlung behaupteten seine Anwälte erneut, Moorman habe nicht gewusst, was er tat, und sei geistig nicht in der Lage gewesen, die Schwere seiner Verbrechen zu begreifen. Sie behaupteten, dass er jahrelang von seiner Adoptivmutter missbraucht worden sei und sie ihn zu sexuellen Handlungen gezwungen habe, was seine Handlungen provoziert habe, aber Familienmitglieder bestritten diese Behauptung. Nach allem, was man hörte, war seine Mutter liebevoll und der beste Freund gewesen, den er je hatte.

Die Geschworenen stimmten zu und befanden, dass er zurechnungsfähig war. Die Art, wie er die Leiche zerstückelt hatte, zeigte, dass er den Unterschied zwischen richtig und falsch kannte. Moorman wurde des Mordes ersten Grades für schuldig befunden und am 7. Mai 1985 zum Tode verurteilt.

Siebenunddreißig Jahre lang saß er im Todestrakt und wartete auf seine Hinrichtung. In dieser Zeit verschlechterte sich sein Gesundheitszustand zusehends. In den Jahren vor seiner Hinrichtung erlitt Moorman einen Schlaganfall und erhielt sowohl eine Blinddarmoperation als auch einen vierfachen Bypass. Trotz mehrerer Einsprüche wurde schließlich die tödliche Injektion angesetzt, mit nur zwei Tagen Vorlaufzeit.

Am 29. Februar 2012 verlangte Robert Moorman vor seiner Pentobarbital-Dosis einen doppelten Hamburger, Pommes frites, zwei Rinderburritos, zwei 14-Unzen-Behälter mit Rocky-Road-Eiscreme und drei RC Colas. Da eines der damals für die Hinrichtung verwendeten Medikamente abgelaufen war, wurde bei seiner Hinrichtung nur ein einziges Mittel verwendet, anstatt des üblichen Cocktails aus drei Arzneien.

Seine letzten Worte waren eine Entschuldigung an die Familie von Shelly Mickelson: „Ich hoffe, das bringt einen Abschluss und sie können jetzt mit der Heilung beginnen. Ich hoffe nur, dass sie mir mit der Zeit verzeihen werden."

KAPITEL 11
DER HEULSUSENKILLER

Tami Engstrom hatte ihr ganzes Leben in der Gegend um Youngstown, Ohio, auf halbem Weg zwischen Cleveland und Pittsburgh, verbracht. An einem kalten Februarabend im Jahr 1991 setzte die Zweiundzwanzigjährige ihren achtzehn Monate alten Sohn bei ihrer besten Freundin, Sharon King, ab und fuhr zur Arbeit.

Tami arbeitete als Barkeeperin in der Clover Bar in Hubbard, Ohio. Ihre Schicht begann um 18:30 Uhr, aber sie fühlte sich nicht wohl und rief um 21:00 Uhr ihre Mutter an und bat sie, für sie einzuspringen. Elizabeth Heiss arbeitete ebenfalls in dieser Bar und traf dort um 21:30 Uhr ein, um den Rest ihrer Schicht zu übernehmen.

Als Tami das Clover verließ, war sie allerdings nicht so krank, um direkt nach Hause zu gehen. Ihre Freundin passte bereits auf ihr Baby auf, und an diesem Abend war eine kleine Feier in der Nickelodeon Lounge geplant, wo ihr Onkel, Daniel Hivner, Stammgast war. Das Nickelodeon war eine der vielen Spelunken in dieser Gegend und lag in Brookfield Township in dem Städtchen Masury, Ohio, nur ein paar hundert Meter von der Grenze zu Pennsylvania entfernt.

Tami trank etwas mit ihrem Onkel und zeigte ihm ihren neuen Diamantring, den sie ein paar Wochen zuvor gekauft hatte. Es war ein großer Ring mit mehreren Diamanten, den sie ihrer Freundin Sharon für 1.200 Dollar abgekauft hatte.

Die junge Frau trank die ganze Nacht mit ihrem Onkel, ein paar Freunden aus der Bar und einem Mann, den sie erst an diesem Abend kennengelernt hatte, dem zweiunddreißigjährigen Kenneth Biros. Biros war ein Freund ihres Onkels. Tami kannte ihn zwar nicht, aber er war in der Bar und in ganz Youngstown ziemlich bekannt.

Er war dort aufgewachsen und zur Highschool gegangen bevor er an der Youngstown State University Geologie studierte und nach dreizehn Jahren endlich seinen Abschluss machte. Anschließend hatte er kurze Zeit auf einem Fischerboot in Alaska gearbeitet, bevor er beim Straßenbau landete.

Obwohl sie sich krank fühlte, trank Tami weiter. Als es auf Mitternacht zuging, legte sie den Kopf auf den Tisch, und es dauerte nicht lange, bis sie völlig weggetreten war. Als sie von ihrem Hocker rutschte, half Daniel ihr zu einem Tisch in einer Nische und ließ sie dort ein wenig schlafen. Als die Bar gegen 1:00 Uhr schließen wollte, weckte Daniel Tami auf und begleitete sie zum Parkplatz. Er sagte ihr, er würde sie nach Hause fahren, aber als er ihre Schlüssel nahm, wurde sie wütend. Sie bestand darauf, dass es ihr gut genug ginge, um nach Hause zu fahren, was eindeutig nicht der Fall war.

Also bot Kenneth Biros an, Tami in ein Nachtlokal mitzunehmen, um ihr einen Kaffee zu besorgen, in der Hoffnung, dass sie dadurch nüchtern werden würde. Er würde sie dann zurück zur Nickelodeon Lounge bringen und Daniel könnte dann entscheiden, ob sie selbst nach Hause fahren könnte. Um 1:15 Uhr verließen Tami und Biros die Bar in Biros Auto, während Daniel auch noch nach Feierabend mit seinen Freunden im Nickelodeon blieb.

Am selben Abend war Tamis Ehemann Andy in die Clover
Bar gegangen, um sie zu besuchen. Als seine Schwieger-
mutter ihm erklärte, dass sie sich krankgemeldet habe, fuhr er
nach Hause, aber sie war nicht da. Er rief ihre Schwester an,
die ihm sagte, dass sie wahrscheinlich ins Nickelodeon
gegangen war. Kurz nach 1:00 Uhr kam Andy dort an, wo
ihm fälschlicherweise gesagt wurde, dass Tami und ihr Onkel
Daniel die Bar verlassen hätten und auf dem Heimweg
wären.

Andy war beruhigt und ging in der Annahme ins Bett, dass
sie jeden Moment heimkommen würde.

Währenddessen wartete Daniel im Nickelodeon darauf, dass
Tami und Biros zurückkehrten, aber keiner der beiden tauchte
auf.

Als Andy am nächsten Morgen aufwachte, stellte er
entsetzt fest, dass seine Frau nicht nach Hause gekommen
war. Er fuhr zum Nickelodeon, wo ihr Auto immer noch
auf dem Parkplatz stand. Daniel erzählte ihm, dass
Kenneth Biros sie in der Nacht zuvor mitgenommen
hatte.

Also fuhr Andy zu den Biros, um ihn zu fragen, wo Tami sei.
Biros behauptete, dass sie nach dem Verlassen der Bar nur
etwa drei Blocks weiter gefahren seien.

> „Ich tippte ihr auf die Schulter und sie flippte
> aus. Sie sprang aus dem Auto und rannte durch
> die Gärten in der Davis Street."

Andy sagte ihm, dass er die Polizei einschalten würde.

> „Wenn sie nicht bald wieder auftaucht, werden sie dich suchen. Und dann geht es dir an den Kragen!"

Die Gegend, in der Tami angeblich aus dem Auto gesprungen war, lag jenseits der Staatsgrenze in Sharon, Pennsylvania.

An diesem Tag gab Andy eine Vermisstenanzeige auf.

Angehörige und Freunde von Tami suchten Biros auf. Aber er gab allen eine ähnliche Antwort: Sie sei aus dem Auto gesprungen und er habe sie seitdem nicht mehr gesehen. Er sei ihr zwischen den Häusern nachgelaufen, aber sie sei zu schnell gewesen und er habe keine Aufmerksamkeit erregen wollen, weil er trotz einiger Drinks noch Auto gefahren war.

Tamis Onkel bemerkte jedoch, dass Biros einen Kratzer über seinem rechten Auge hatte, der in der Nacht zuvor noch nicht da gewesen war. Er hatte außerdem Kratzspuren an den Händen, die niemandem am Abend zuvor im Nickelodeon aufgefallen waren.

Biros behauptete, er habe sich die Hand zerkratzt, als er am Abend nach Hause kam. Er habe sich ausgesperrt und ein Fenster einschlagen müssen. Und der Kratzer über dem Auge stamme vom Holzhacken an diesem Morgen.

Sowohl Tamis Bruder Tom als auch ihr Vater James glaubten Biros Geschichte nicht. „Wenn du meiner Tochter auch nur ein Haar gekrümmt hast, bringe ich dich um!", schrie ihr Vater. Und Tom sagte zu Biros: „Ich werde dir das Herz herausreißen."

Doch Biros versuchte, James zu beruhigen:

> „Mach dir keine Sorgen. Deine Tochter taucht bestimmt bald wieder auf. Du wirst schon sehen."

———

An diesem Abend halfen Biros' Freunde und Familie, die Gegend zu durchsuchen, in der Tami angeblich aus dem Auto gesprungen war. Selbst nach stundenlanger Suche fanden sie nichts.

Als Biros nach Hause zurückkehrte, wo er mit seiner Mutter und seinem Bruder lebte, hatte seine Mutter einen goldenen Ring auf dem Badezimmerboden gefunden und fragte ihn danach. „Ich habe keine Ahnung. Es sieht aus wie billiges Gold", sagte er ihr. Seine Mutter sah das anders. Das war kein billiger Ring. Also erzählte er seiner Mutter, dass er vielleicht dem Mädchen gehörte, das am Abend zuvor aus seinem Auto gesprungen war. Er nahm das Schmuckstück und erklärte ihr, dass er ihn zum Nickelodeon bringen würde. Doch stattdessen versteckte er ihn.

Während Tamis Freunde und Familie die Suche fortsetzten, bestellte die Polizei Biros ein, damit er seine Aussage machte. Abgesehen von einer Verhaftung wegen Fahrens unter Alkoholeinfluss hatte sich Biros bisher nichts zu Schulden kommen lassen.

Bei der Befragung waren sowohl Polizisten aus Brookfield Township, Ohio, als auch aus Sharon, Pennsylvania, anwesend, da sich der Vorfall buchstäblich auf der Staatsgrenze ereignet hatte.

Biros erzählte fast die gleiche Geschichte, die er Tamis Familie aufgetischt hatte, dieses Mal verriet er jedoch mehr Details. Er behauptete, dass Tami im Auto ohnmächtig geworden sei. Er habe an einem Bankautomaten angehalten, um etwas Bargeld zu holen, und als er zum Auto zurückgekehrt sei, sei sie aufgewacht und habe ihn angeschrien, er solle sie zurück zum Nickelodeon fahren. Als er ihr sagte, dass sie auf dem

Weg zu einem Kaffee seien, sei sie aus dem Auto gesprungen und losgerannt.

Captain John Klaric aus Sharon, Pennsylvania, hatte Zweifel an seiner Geschichte. Im weiteren Verlauf des Verhörs fragte er ihn, ob er sexuelle Annäherungsversuche gegenüber Tami gemacht habe. Biros hatte Tamis Ehemann erzählt, dass er ihr nur auf die Schulter getippt hat, Tamis Onkel hatte er dagegen erzählt, dass er versehentlich ihr Knie berührt hat. Klaric wusste, dass hinter dieser Geschichte mehr steckte.

Der Captain verriet Biros seine Theorie. Er vermutete, dass er vielleicht einen sexuellen Annäherungsversuch gewagt hatte, den sie jedoch abwehrte und dann aus dem Auto flüchtete. Zunächst leugnete Biros, aber als Klaric hinzufügte, dass Tami sich vielleicht „versehentlich" den Kopf gestoßen habe, unterbrach Biros ihn. Er bat darum, mit Klaric allein zu sprechen, und die anderen Beamten verließen den Raum.

Nun erzählte Biros dem Beamten, dass seine Hypothese genau das war, was passiert war, und fügte hinzu:

Und ich habe etwas sehr Schlimmes getan."

„Es war so, wie Sie gesagt haben. Wir saßen zusammen im Auto. Wir waren draußen an den Bahngleisen. Ich berührte ihre Hand. Dann ging ich weiter. Ich berührte ihr Bein, aber sie schob meine Hand weg. Das Auto stand nicht ganz still. Sie öffnete die Tür, stürzte und schlug mit dem Kopf auf die Schienen."

Tami sei neben den Eisenbahnschienen in der Nähe seines Hauses an der King Graves Road in Brookfield Township gestorben.

Biros wurde sofort verhaftet und er wiederholte die Geschichte vor den anderen Beamten – Tami hatte sich den Kopf angeschlagen und war an den Bahnschienen gestorben. Aber als sie fragten, wo ihre Leiche war, wollte er einen Anwalt sprechen. Nach diesem Gespräch stimmte er zu, die Polizei zur Leiche zu führen. Doch auf das, was sie dort finden sollten, waren sie nicht vorbereitet gewesen.

———

Am Sonntag, den 10. Februar, führte Biros die Polizei vierzig Meilen östlich nach Butler County, Pennsylvania, wo sie Teile von Tamis Leiche fanden. Dann führte er sie dreißig Meilen nach Norden nach Venango County, Pennsylvania, wo sie auf weitere Leichenteile stießen.

Biros hatte in dieser Nacht sehr viel zu tun gehabt. Er hatte ihren Kopf und ihre rechte Brust vom Torso und ihr rechtes Bein oberhalb des Knies abgetrennt. Ihre schwarzen Strümpfe waren bis zu den Knöcheln gezogen worden. Tamis Torso war regelrecht ausgeschlachtet worden. Biros hatte sie aufgeschnitten und ihre Organe entfernt. Anus, Rektum und die meisten ihrer Genitalien waren entfernt worden und wurden nie gefunden.

Nach einer Durchsuchung des Geländes neben den Bahngleisen fanden die Ermittler auf dem Schotter große Mengen Blut und in einem nahegelegenen Sumpf Teile ihres Darms, der Gallenblase, der Leber und der Eingeweide. Als später die Umgebung erneut abgesucht wurde, fand man ihren schwarzen Ledermantel mit Spuren von Messerstichen in der Nähe des Kragens.

In Tamis schwarzen Schuhen fand man ein einzelnes Schamhaar, das mit ihrer DNA übereinstimmte.

Bei der Durchsuchung von Biros' Wohnung stießen die Beamten auf ein Taschenmesser, an dem getrocknetes Blut klebte. Der lange braune Mantel und die Tennisschuhe, die Biros an diesem Abend in der Bar getragen hatte, lagen in seinem Schlafzimmer. Sie waren ebenfalls blutbefleckt. Tamis Blut und Teile ihrer Leber wurden im Kofferraum seines Autos gefunden.

Trotz der Ausschlachtung, der sexuellen Verstümmelung und der Zerstückelung ihrer Leiche ergab die Autopsie, dass sie stranguliert worden war. Biros hatte sie fast fünf Minuten lang mit seinen bloßen Händen gewürgt, bevor sie schließlich starb. Der Gerichtsmediziner zählte einundneunzig Stichwunden, die ihr alle zugefügt wurden, nachdem sie bereits tot war. Es gab auch fünf stumpfe Wunden auf der Oberseite ihres Kopfes von einem Messergriff oder möglicherweise einer Faust.

Kenneth Biros wurde wegen schweren Mordes, versuchter Vergewaltigung, schweren Raubes und verbrecherischer sexueller Penetration angeklagt. Im Falle eines Schuldspruchs drohte ihm die Todesstrafe.

———

Während seines Prozesses erzählte Biros' Verteidigung, dass er mit einem verbal und emotional missbrauchenden Vater aufgewachsen war, der ihm jede Zuneigung verweigert und ständig die ganze Familie beschimpft hatte. Sie erklärten, dass Biros bis zu dem Mord ein normales Mitglied der Gesellschaft gewesen sei, das nur selten mit dem Gesetz in Konflikt geraten war.

Biros sagte selbst aus und lieferte ein weiteres Szenario dessen, was in jener Nacht geschehen war. Während seiner gesamten Aussage weinte er heftig, was ihm in der Presse den Spitznamen „Heulsusen-Killer" einbrachte. Während seiner Aussage behauptete er, dass er, als er von dem Bankautomaten zurückgekommen sei, Tami geschüttelt habe, weil sie in seinem Auto ohnmächtig geworden war. Als sie aufwachte, war sie zu betrunken, um ihm zu sagen, wo sie wohnte, also nahm er sie nach Hause mit, damit sie sich „ausschlafen" konnte.

Er erklärte, dass er nur wenige hundert Meter von seinem Haus entfernt geparkt und versucht hatte, sie wieder zu wecken. Als sie dieses Mal aufwachte, schrie sie ihn an:

> „Ich kenne Sie nicht! Wo sind wir?"

Er behauptete weiter, dass sie ihn geschlagen habe, woraufhin er ihr mit dem Unterarm einen Schlag versetzt habe. Da habe sie die Tür geöffnet und sei die Bahngleise entlang gelaufen. Er habe versucht, sie mit seinem Auto einzuholen, und sie dabei versehentlich angefahren. Als sie stürzte, schlug sie mit dem Kopf auf den Kies auf.

Biros behauptete, er habe Tami auf den Rücken gerollt und gesehen, dass sie am Kopf blutete. Sie war mit dem Kopf auf die Bahngleise gefallen. Er erzählte dem Gericht, dass sie geschrien und Steine nach ihm geworfen habe. Er habe dann sein Taschenmesser herausgezogen, um „sie zu beruhigen". Doch sie konnte ihm das Messer abnehmen, wobei sie ihm die Schrammen an den Händen zufügte. Dann habe er sie niedergedrückt und ihr die Hände auf den Mund gedrückt. Dass er sie erstickt hatte, habe er erst bemerkt, nachdem er die Hände wieder zurückgezogen habe.

Nachdem ihm klar wurde, was er getan hatte, geriet er in Panik, ging nach Hause und wusch sich. Zwanzig Minuten später kehrte er zur Leiche zurück. Er war wütend auf sich selbst und wütend auf Tami, weil er glaubte, dass sie sein Leben zerstört hatte. Er erzählte dem Gericht, dass er dann

Tamis Kleidung entfernte, weil sie „im Weg" gewesen war, bevor er auf sie einstach.

Dann schleppte er die Leiche in den Wald. Als er ihre Hände ergriff, bemerkte er den Goldring. Er behauptete, er habe den Ring abgenommen und in seine Tasche gesteckt, um zu verhindern, dass er sich in seine Hände gräbt, während er sie weiterzog. Als er sie begraben wollte, stellte er fest, dass ihr Körper zu groß für das Loch war, das er gegraben hatte.

Anstatt das Loch größer zu machen, schnitt er ihr Kopf und Bein ab. Er vergrub dann diese Teile und ihre Kleidung getrennt von den Leichenteilen an einem anderen Ort.

Als er am nächsten Tag sein Auto wusch, bemerkte er, dass Tamis Handtasche noch im Wagen lag. Er nahm sie mit ins Haus und verbrannte sie im Kamin. Am folgenden Abend, nachdem Tamis Freunde und Familienmitglieder ihn bedroht hatten, machte er sich Sorgen, dass die Leiche so nahe an seinem Haus gefunden werden würde. Also grub er die Leichenteile wieder aus und vergrub sie an zwei verschiedenen Orten jenseits der Staatsgrenze in Pennsylvania.

Während seiner Aussage leugnete Biros, dass er der Polizei gesagt habe, irgendwelche sexuellen Annäherungsversuche gegenüber Tami unternommen zu haben. Warum er ihr Geschlechtsorgane, Anus und Rektum entfernt hatte, konnte er nicht erklären. Er behauptete, er könne sich nicht erinnern, wo diese Teile waren. Er bestritt auch, Tami mit dem Messergriff oder den Fäusten auf den Kopf geschlagen zu haben.

———

Die Autopsie und die Aussage eines forensischen Pathologen brachten jedoch Biros' neue Geschichte ins Wanken. Er behauptete, nur mit einem Taschenmesser auf sie eingestochen zu haben, aber die Beweise belegten, dass ein viel größeres Messer verwendet worden war. Die Schnitte um die Genitalien wurden mit zu großer Präzision ausgeführt, als es mit einem Taschenmesser möglich gewesen wäre. Außerdem gab es keine Hinweise darauf, dass das Opfer von einem Auto angefahren worden war. Vielmehr ergab die Autopsie, dass ihr Zungenbein gebrochen war und das Gewebe um ihren Hals herum beschädigt war. Das konnte nur durch Strangulation geschehen sein, nicht durch Ersticken, wie Biros behauptete.

Es spielte keine Rolle, welche Geschichte er erzählte; er würde so oder so untergehen. Biros wurde in allen Anklagepunkten für schuldig befunden, zum Tode verurteilt und für die Hinrichtung durch die tödliche Injektion vorgesehen.

Ein Jahr vor seiner geplanten Hinrichtung drängte Tamis Schwester, Debi Heiss, den Generalstaatsanwalt, Biros' Gnadengesuch abzulehnen:

> „Kenneth Biros hat Tami geschlagen, gefoltert, sexuell missbraucht, verstümmelt, zerstückelt und ausgeraubt, ohne Reue. Er hat mehr Menschlichkeit und Barmherzigkeit vom Staat bekommen, als meine Schwester je erfahren hat. Es ist an der Zeit, dass der Gerechtigkeit Genüge getan wird. Tami war meine Schwester und meine beste Freundin. Sie wurde vergewaltigt, sie wurde stundenlang gefoltert. Sie musste in dieser Nacht so viel Angst haben."

Biros wurde schließlich am 8. Dezember 2009 hingerichtet. Er wurde in das Guinness-Buch der Rekorde aufgenommen, weil er der erste Mensch in den Vereinigten Staaten war, der mit einer einzigen großen Dosis des Narkosemittels Natriumthiopental hingerichtet wurde.

Zwanzig Jahre nach ihrem Tod schrieb Tamis Freundin Sharon King über ihre Theorien, dass der Mord Teil eines immer noch andauernden satanischen Kults in der Gegend war. Sie behauptete, dass, Tamis Fingernägel rot lackiert waren, als sie in dieser Nacht die Bar verließ. Als ihre Leiche geborgen wurde, waren ihre Nägel jedoch schwarz lackiert. Sie behauptete auch, dass Tamis Leiche mit den Zahlen 666 gebrandmarkt worden war, während ihre Venen blutleer waren, als man ihre Leiche fand. In den Polizeiaufzeichnungen wird jedoch keine dieser Behauptungen erwähnt.

Laut weiterer unbestätigter Geschichten im Internet hat Biros Tami in einem Schuppen hinter seinem Haus getötet. Daher glauben einige Leute, dass das Haus der Biros – das inzwischen abgebrannt ist – immer noch von Tami Engstroms Geist heimgesucht werden würde.

KAPITEL 12
DER KANNIBALE VON DARLINGTON

Julie Paterson aus Darlington im Nordosten Englands hatte es nie leicht im Leben gehabt. Als sie noch ein Kleinkind war, starb ihre Mutter an einem Gehirntumor, und ihr dreijähriger Bruder Michael und sie wurden von ihrem Vater großgezogen.

Mit zweiunddreißig hatte sie selbst vier Kinder, verlor aber das Sorgerecht für drei von ihnen. Das Jüngste zog sie gemeinsam mit ihrem Freund, Alan Taylor, auf. Ihr ganzes Leben lang war Julie anfällig für Depressionen, die durch ihre Abhängigkeit von Alkohol und Valium noch verstärkt wurden.

Alan kannte Julie gut und war an ihre depressiven Anfälle gewöhnt. Er wusste auch, dass es nicht ungewöhnlich für sie war, in einen Pub in Darlington zu gehen und erst nach ein paar Tagen wieder zurückzukehren. In der Vergangenheit war sie aber nie länger als eine Woche weggeblieben.

Im April 1998 ging Julie in eine Kneipe und kam am nächsten Tag nicht nach Hause. Als die Tage vergingen, machte sich Alan zunächst keine Sorgen. Es war ja nicht das erste Mal. Doch als Julie einen Besuchstermin bei ihrer ältesten Tochter versäumte, wusste er, dass etwas nicht stimmte. Diese Termine verpasste Julie niemals.

Er durchkämmte die Nachbarschaft, fragte in den Kneipen nach und rief ihre Freunde und Familie an. Da niemand von ihr gehört hatte, meldete sie er schließlich bei der Polizei in Darlington als vermisst.

Da sie bereits seit mehreren Tagen verschwunden war, durchkämmten die Beamten umgehend die örtlichen Parks, Wälder, Flüsse und Weiher. Trotz tagelanger Suchaktion gab es immer noch kein Lebenszeichen von ihr.

Am 16. Mai 1998 nahm ein Polizeihund in der Nähe eines Zauns an einem abgelegenen Fußweg Witterung auf. Auf der anderen Seite stand ein baufälliges Haus mit einem verwilderten Garten. Der Hundeführer vermutete, dass es verlassen sei, und betrat das Grundstück. Er hatte sich jedoch geirrt, und eine Frau trat aus der Tür, um ihm zu fragen, was er da mache. Als er ihr erklärte, dass sein Hund eine Fährte aufgenommen hatte, zeigte die Frau an das Ende des Gartens und meinte, dass unter einem Strauch ein Müllsack lag. Ein paar Jungs hätten ihn einige Tage zuvor über den Zaun geworfen. Sie sagte dem Officer, dass vermutlich ein toter Hund darin war, weil es inzwischen unangenehm roch. Kaum hatte der Beamte den Beutel geöffnet, schlug ihm der Verwesungsgeruch entgegen. Aber er stammte nicht von einem Hund, sondern von einem Menschen.

Eine gerichtsmedizinische Untersuchung ergab, dass es sich um Julie Paterson handelte, deren Leiche jedoch nicht vollständig war. In dem Sack befand sich nur der Torso. Beine, Arme und Kopf fehlten.

———

Noch bevor die Nachricht ihres Todes in den Zeitungen stand, prahlte David Harker in einer Dorfkneipe vor seinen Freunden, „ein Mädchen namens Julie getötet" zu haben. Der Vierundzwanzigjährige war jedoch bekannt für seine Lügengeschichten, und niemand nahm ihn ernst.

Harker hatte sein Leben lang im Nordosten Englands gelebt und schon früh Ärger mit dem Gesetz gehabt. Als Kind hat er kleine Tiere gequält und verstümmelt. Im Alter von nur sechzehn Jahren hatte er zwei Männer und ihren Hund angegriffen, was das Tier nicht überlebte. Für diesen Angriff hatte er eine kurze Strafe in einer Jugendstrafanstalt abgesessen.

Doch Hacker hatte zwei Seiten. Die meisten seiner Freunde und Bekannten hielten ihn für einen netten Kerl. Er war charmant, beliebt und aufgeschlossen. Sein gutes Aussehen machte ihn bei den Damen sehr beliebt, sodass er kein Problem hatte, Frauen zu finden, die mit ihm Sex haben wollten.

In seinen späteren Teenagerjahren sang Harker in einer Punkband namens Downfall, und viele junge Leute in der Punkrock-Szene bewunderten ihn und schauten zu ihm auf. An den Seiten seines rasierten Kopfes hatte er sich die Namen seiner Lieblingspunkbands tätowieren lassen: Disorder und Subhumans.

Er sprach sich gegen Rassisten und Sexualstraftäter aus und trat höflich und respektvoll auf. Doch als seine Freundin und die Mutter seines vierjährigen Sohnes ihn verließ, stürzte er in eine schwere Depression. Er trank immer mehr, wurde streitlustig und aggressiv. Wegen seiner Wutanfälle hatte er inzwischen in vielen Kneipen der Stadt Hausverbot. Einmal wurde er so wütend, dass er mit der Faust durch ein Kneipenfenster schlug.

Harker war auch ein Fan wahrer Verbrechen und las jedes Buch über Serienmörder, das er finden konnte. Er erzählte seinen Freunden oft, dass er ein großartiger Verbrecher sein würde, weil er so viel darüber wusste, wie man nicht erwischt wurde. Er gab sich selbst den Spitznamen „Devil Man".

———

Harker hatte also vor nicht weniger als achtundzwanzig Freunden damit geprahlt, ein Mädchen namens Julie getötet zu haben. Da er dabei meistens betrunken war, glaubte ihm allerdings keiner. Als jedoch in den Zeitungen von Julies Torso berichtet wurde, zogen sie die Möglichkeit doch in Erwägung.

Am Abend nachdem die Nachricht öffentlich wurde, diskutierten einige seiner engsten Freunde darüber und lasen den Zeitungsartikel immer wieder. Hatte er vielleicht doch die Wahrheit gesagt? War er wirklich zu einer solchen Tat fähig? In dieser Nacht ging sein bester Freund zur Polizei in Darlington und erzählte den Beamten von Harkers Prahlerei.

Harker war wenige Tage zuvor wegen eines Raubüberfalls verhaftet worden und wartete in einem sogenannten „bail hostel" auf seinen Prozess. (Anm. d. Übers.: Ein „bail hostel" ist eine Art Kautionsherberge, in der Menschen untergebracht werden, die auf Kaution freigelassen wurden, aber keinen festen Wohnsitz haben.) Da er bereits in Gewahrsam war, erwirkten die Ermittler einen Durchsuchungsbefehl für seine Wohnung. Es war sofort klar, dass seine Freunde recht hatten; Harker war der gesuchte Mörder.

Die Wände und der Boden der Wohnung waren buchstäblich mit dunkelrotem, getrocknetem Blut übersät. Es war offensichtlich, dass er die Frau in der Wohnung getötet hatte. Er hatte nicht einmal den Versuch unternommen, den Tatort zu reinigen.

Blutige Schleifspuren führten vom Flur nahe der Treppe in die Küche. Dort waren mehrere große Haken an der Decke angebracht, und der ganze Ort roch feucht und moschusartig. Der Keller war noch blutiger als das Erdgeschoss. Ein forensisches Team konnte das Blut in seiner Wohnung mit Julie Paterson in Verbindung bringen, und die im Keller gefundene Kleidung gehörte Julie.

Das Haus selbst war karg eingerichtet, aber dennoch unordentlich. An die Wände hatte er makabre Texte zu seinen Lieblings-Heavy-Metal-Songs gekritzelt. Der Boden war durch eine Schicht aus Müll und Bierdosen kaum zu sehen. In seinem Schlafzimmer lag nur eine alte Matratze auf dem Boden, umgeben von mehreren Pornoheften. Im Bücherregal fand die Polizei zahlreiche Bücher über Serienmörder. In einem ging es darum, wie man im Gefängnis überlebt, und in einem anderen, wie man Fragen bei einem Verhör ausweicht.

———

Die Polizei verhaftete Harker in der Kautionsherberge, in der er festgehalten wurde. Während des Verhörs leugnete er zunächst, Julie getötet zu haben, trotz der überwältigenden Beweise in seiner Wohnung und der Aussagen seiner engen Freunde. Doch schließlich gestand er den Mord und erzählte den Ermittlern die grausamen Details.

———

Harker und Julie hatten sich eines Abends im April in einem Pub in Darlington kennengelernt. Nach einer durchzechten Nacht lockte Harker sie in seine Wohnung, wo sie einvernehmlichen Sex hatten. Während des Geschlechtsverkehrs sei es ihm jedoch „langweilig" geworden und er habe sie mit einem ihrer Strümpfe erwürgt.

Anschließend hatte er sich an ihrer Leiche vergangen. Am nächsten Tag schnitt er mit einem Küchenmesser ein Stück Fleisch aus ihrem Oberschenkel, legte es in eine Pfanne, brat es mit Knoblauch, Nudeln und Käse und aß es. Dann schleppte Harker die Leiche in den Keller, wo er sie mit Bleichmittel abwischte und mehrere Wochen lang aufbewahrte. Mit einer Säge trennte er ihr Kopf, Arme und Beine ab. Die Ermittler wussten, was er mit dem Torso gemacht hatte, aber Harker weigerte sich zu sagen, was mit Kopf, Armen und Beinen geschehen war.

In Gesprächen mit Psychiatern sagte er:

> „Leute wie ich entstehen nicht wegen dieser Filme. Diese Filme entstehen wegen Leuten wie mir."

Er erzählte ihnen von seinem Ehrgeiz, der jüngste und berüchtigtste Serienmörder Großbritanniens zu werden. Er war jedoch dazu bestimmt, erwischt zu werden, weil er nicht anders konnte, als mit seinem Verbrechen zu prahlen.

———

David Harker bekannte sich des Totschlags wegen verminderter Schuldfähigkeit schuldig. Das Urteil entsprach im Wesentlichen dem bei einer Mordanklage – lebenslange Haft mit der Möglichkeit auf Bewährung nach vierzehn Jahren. Bei seiner Verurteilung erklärte einer der Psychiater, die Harker untersucht hatten, dass er das pure Böse sei und man ihn im Krankenhaus nicht behandeln könne. Er leide an einer multiplen psychischen Störung, und seine Einweisung in eine psychiatrische Anstalt sei Zeitverschwendung. Der Gutachter stellte fest, dass er zu den vier Prozent der am stärksten gestörten Männer Großbritanniens zähle, weshalb er in ein Hochsicherheitsgefängnis und nicht in eine psychiatrische Klinik eingewiesen wurde.

Bei der Verurteilung sagte der Richter zu Harker:

> „Sie sind ein böser und außergewöhnlich gefährlicher Mann. Sie haben die Frau unter den schrecklichsten Umständen getötet und ihre Leiche zerstückelt. Sie sonnten sich in ihrem Tod und in der Art und Weise, wie sie gestorben ist. Ich habe keinen Zweifel, dass Sie bei der nächstbesten Gelegenheit wieder töten werden."

———

Selbst im Gefängnis sonnte sich Harker in seiner Verderbtheit. Trotz der Bitten von Julies Familie verriet er nicht, was er mit dem Rest ihrer Leiche getan hatte. Freddie Newman, der Vater von zwei von Julies Kindern, schrieb ihm Briefe, aber seine Antwort war gnadenlos:

> „Es tut immer gut zu wissen, dass die Leute an mich denken, vor allem diejenigen, die wegen meiner Handlungen leiden. Sie haben recht, wenn Sie von Anstand sprechen, ich habe keinen. Ich habe keine Hemmungen, Gewissensbisse oder Reuegefühle, und deshalb ist es mir völlig egal, ob Sie Ihre Frau vollständig beerdigen können oder nicht. Ich hoffe, Sie sind glücklich in dem Wissen, dass Sie nicht allein unter Ihrem Verlust leiden, denn Ihre Frau war weder die erste noch die letzte Person, die ich getötet habe. Sie fragen, warum ich diese böse Tat begangen habe. Nun, ich könnte endlos über Mord, Verstümmelung, Enthauptung und Kanniba-

lismus philosophieren, aber ein Mann mit Ihrem Intellekt wäre nicht in der Lage, irgendetwas davon zu verstehen. Um Ihnen also etwas zu geben, das Sie verstehen können: All die Leute, die ich getötet habe, habe ich getötet, weil es mir Spaß gemacht hat. Hassen Sie den bösen Mann, der Ihre Frau zerstückelt und gegessen hat? Ich bin nicht böse, Mr. Newman, ich bin ein Monster. Machen Sie sich nicht die Mühe, mir noch einmal zu schreiben, sonst werde ich Ihnen den Terror uneingeschränkt zeigen. Schließlich habe ich jetzt Ihre Adresse. Auf Wiedersehen Mr. Newman."

Freddie Newman erholte sich nie von Julies Tod und beging 2006 Selbstmord.

———

Alan Taylor, der Vater von Julies jüngstem Kind und ihr Partner zum Zeitpunkt ihres Todes, litt ebenfalls unter dem Verlust, der ihn verzehrte. Er war regelrecht besessen von dem Gedanken, die fehlenden Teile ihrer Leiche zu finden, und verbrachte Jahre damit, überall in Darlington Löcher in die Erde zu graben.

Er stand oft weinend an ihrem Grab und sagte:

> „Wie kann sie denn zur Ruhe kommen? Sie ist ja nicht einmal hier."

Wie Freddie Newman ergriff auch Alan Taylor eine extreme Maßnahme. 2006 hatte er alle Hoffnung aufgegeben, Julies Überreste zu finden, und erwürgte im Alkoholrausch seinen besten Freund John Morrison mit einem Gürtel.

Auf die Frage, warum er ihn getötet hatte, erklärte er der Polizei, dass er ein Verbrechen auf dem gleichen Niveau wie Harker begehen wollte. Er behauptete, dass ihn sein Alkoholismus und seine posttraumatische Belastungsstörung (PTSD) seit Julies Tod gebrochen hätten. Er spürte, dass seine einzige Möglichkeit darin bestand, in das gleiche Gefängnis wie Harker geschickt zu werden, damit er sich rächen konnte.

Bei seiner Verurteilung erkannte der Richter jedoch, dass er Rache wollte und schickte ihn in ein anderes Gefängnis als Harker. Taylor wurde zu lebenslanger Haft verurteilt, und seine Hoffnungen, jemals die Überreste von Julie Paterson zu finden, waren dahin. Drei Monate nach seiner Haftstrafe beging er in seiner Zelle Selbstmord.

———

Neun Jahre nach dem Mord unternahm der Chief Superintendent der Polizei von Darlington, der den Fall bearbeitet hatte und kurz vor seiner Pensionierung stand, einen letzten Versuch. Er besuchte Harker im Gefängnis, um ihn vielleicht doch zum Reden zu bringen, doch der Gefangene weigerte sich, ihn zu sehen. Er sagte den Gefängniswärtern:

> „Wenn jemand von der Durham Constabulary zu mir kommt, werde ich ihm sagen, dass er sich verpissen soll."

Mehr als zwanzig Jahre nach ihrer Ermordung kämpft Julies Familie immer noch mit dem Verlust.

KAPITEL 13

BONUSKAPITEL: DIE HOMESCHOOLER

D ieses Kapitel ist ein **kostenloses Bonuskapitel** aus Band 5 meiner „True Crime"–Serie.

———

Es ist nicht klar, wie Hana Alemus Leben in Äthiopien ausgesehen hatte. Aber es ist kaum vorstellbar, dass es schlimmer gewesen war als das Leben, das sie erwartete, nachdem die Elfjährige von der Familie Williams in Sedro-Woolley, Washington, adoptiert wurde.

———

Larry und Carri Williams hatten bereits sieben eigene Kinder und wünschten sich noch mehr, aber nach ihrer letzten Schwangerschaft konnte Carri keine Kinder mehr gebären. Mitte der 2000er-Jahre war es unter zu Hause unterrichtenden bibeltreuen Christen zu einem Trend geworden, bedürftige Kinder in ihre bereits großen Familien zu adoptieren. Die Familien sahen es als eine Glaubenspflicht an, Kinder, die ein gutes Zuhause brauchten, zu retten und sie nach einem konservativen christlichen Lehrplan zu Hause zu unterrichten. Andere Familien aus ihrer Bibelgruppe hatten bis zu acht Kinder aufgenommen, und Carri und Larry wollten das nun auch tun.

Larry Williams arbeitete von mittags bis Mitternacht als Fabrikarbeiter bei Boeing, während Carri zu Hause blieb, um die Kinder zu unterrichten. Sie hatte an einer Frauenfreizeit teilgenommen, die von einer religiösen Organisation namens Above Rubies geleitet wurde. Dort sprachen die Frauen über den Trend unter Evangelikalen, Kinder aus Liberia zu adoptieren, einem westafrikanischen Land, das nach mehreren Bürgerkriegen politisch instabile Zeiten erlebte.

2008 kontaktierten das Ehepaar Williams Adoption Advocates International (AAI), eine weltliche Adoptionsagentur mit Sitz in Port Angeles, Washington. Die Agentur wurde von einer Frau namens Merrily Ripley geleitet, die selbst zwanzig Kinder hatte – drei leibliche und siebzehn adoptierte. Merrily informierte Carri, dass es zwei Waisenkinder in Äthiopien gab, die ein liebevolles Zuhause brauchten. Ein Kind war taub, doch da Carri vor ihrer Heirat die American Sign Language, die dominierende Gebärdensprache in den USA, gelernt hatte, schien das Ganze perfekt zu sein.

Um sich auf die Adoption vorzubereiten, besuchte das Ehepaar einen Fernschnellkurs der AAI und füllte die notwendigen Papiere aus. Die Agentur hatte jedoch offenbar übersehen, dass Carri einen Abschnitt in den Unterlagen ausgelassen hatte: den Teil über ihre Einstellung bezüglich der Kindeserziehung.

––––––

In den Monaten vor der Adoption sahen Carri und Larry einen einminütigen Videoclip, in dem die Kinder weinten und um ein gutes Zuhause bettelten. Es war herzzerreißend.

Der siebenjährige Immanuel war taub und die elfjährige Hana war mit nur 77 Pfund leicht untergewichtig.

Immanuel und Hana hatten im Waisenhaus Kidane Mehret in der äthiopischen Hauptstadt Addis Abada gelebt, nachdem beide in jungen Jahren ausgesetzt worden waren. Obwohl sie nicht verwandt waren, freuten sie sich, dass sie bald als Bruder und Schwester in den Vereinigten Staaten leben würden. Als sie erfuhren, dass ihre neuen Eltern in der idyllischen Landschaft des pazifischen Nordwestens lebten, las Hana blauäugig *Unsere kleine Farm*, um sich auf ihr neues, aufregendes Leben vorzubereiten.

In den Monaten nach ihrer Ankunft 2008 erstattete das Ehepaar Williams gemäß Adoptionsvertrag der AAI regelmäßig Bericht. Angeblich war alles in Ordnung. Hana hatte bereits zugenommen und wog inzwischen 105 Pfund. Doch im Juni 2009 hörten die Berichte plötzlich auf. Obwohl sie laut Vertrag während des gesamten Lebens der Kinder Berichte schicken sollten, waren Carri und Larry gesetzlich nicht dazu verpflichtet. Die Adoptionsagentur ahnte daher nichts von den Grausamkeiten, die im Haushalt der Williams vor sich gingen.

Larry und Carri Williams glaubten an einen streng fundamentalistischen christlichen Lebensstil. Neben dem Hausunterricht für ihre Kinder waren fast alle Fernseh- und Internetzugänge verboten. Ihrer Meinung nach sollten Frauen keine Badeanzüge tragen und niemals Hosen, sondern nur Röcke oder Kleider. Und sie sollten erst recht nicht wählen gehen. Die Kinder sah man selten in der Öffentlichkeit und sie kamen nur mit einigen wenigen gleichgesinnten Familien zusammen. Larry predigte regelmäßig zu den Kindern im Hinterhof ihres ländlichen Fünf-Hektar-Grundstücks.

Was die Erziehung der Kinder betraf, hielten sich die Williams an die Lehren eines umstrittenen Buches namens *To*

JASON NEAL

Train Up A Child (Wie man einen Knaben gewöhnt) von Michael und Debi Pearl. Das Buch lehrte, dass die Prinzipien und Techniken für die Ausbildung eines Tieres und die Erziehung eines Kindes die gleichen seien. Die Eltern wurden unter anderem angewiesen, ihren Kindern innerhalb der ersten Monate nach der Geburt den Hintern zu versohlen, um „ihren Willen zu brechen".

In seinem Buch bezog Michael Pearl seine Argumente für das Schlagen eines Kindes direkt aus seiner Interpretation der Bibel. Er glaubte, dass 13.24 der Sprüche Salomons seine Überzeugungen rechtfertigten:

> „Wer seine Rute schont, der hasst seinen Sohn."

Er sagte:

> „Ein Kind, dem richtig und rechtzeitig der Hintern versohlt wird, wird in der Seele geheilt und zur Ganzheit des Geistes zurückgeführt. Ein Kind kann durch richtiges Versohlen vom Weg in die Hölle zurückgeholt werden."

Das Buch ging sehr detailliert auf spezifische Utensilien ein, die die Eltern verwenden sollten; ein Holzlöffel, ein Pfannenwender oder die beliebteste Waffe – ein kurzer Plastikschlauch.

Dieses Hilfsmittel war besonders beliebt, weil es leicht zusammengerollt in jede Tasche passte und daher immer zur Verfügung stand. Das Buch lehrte Eltern auch, den Kindern Essen vorzuenthalten und sie zur Strafe draußen unter einen kalten Gartenschlauch zu stellen.

Pearls Buch war bei fundamentalistischen Christen, die ihre Kinder zuhause unterrichteten, äußerst beliebt und verkaufte sich nach Angaben des Autors in den ersten sieben Jahren fast

700.000 Mal. Pearls Organisation „No Greater Joy" erwirtschaftete bis zu 1,7 Millionen Dollar pro Jahr – steuerfrei.

———

In den nächsten zwei Jahren lösten sich Hanas Hoffnungen auf den amerikanischen Traum in Luft auf. Das Leben mit der Familie Williams war nicht wie das auf *unserer kleinen Farm*, das sie sich ausgemalt hatte.

Einige Monate nach ihrer Ankunft in den USA bekam Hana zum ersten Mal ihre Menstruation. Das machte Carri wütend und sie erzählte den Frauen in ihrer Strickgruppe, dass sie „ein kleines Mädchen adoptieren wollte, keine halbwüchsige Frau". Sie beschwerte sich, dass Hana rebellisch sei und meinte: „Ich würde sie niemandem wünschen."

Freunden und Nachbarn der Familie Williams war aufgefallen, dass Hana und Immanuel bei öffentlichen Familienausflügen, Feiertagen, Ausflügen in die Stadt oder in die Kirche meistens fehlten. Bei den seltenen Gelegenheiten, bei denen sie mit der Familie in die Kirche kamen, versuchte ein Gemeindemitglied, das die Gebärdensprache beherrschte, immer wieder, mit Immanuel zu kommunizieren. Aber Carri und Larry wollten das nicht. Also brachte einer der beiden den Jungen schnell fort, bevor er die Chance hatte, ein Gespräch zu führen.

Nachbarn bemerkten, dass die sieben leiblichen Kinder oft vor ihrem Haus zusammen spielten, während Hana und Immanuel immer allein in der Einfahrt standen und auf ihre Füße starrten.

Im Haus herrschte eine schlimmere Disziplin, als man es sich hätte vorstellen können. Hana hatte Hepatitis B, was wiederum Carri wütend machte, die ihr vorwarf, absichtlich Blut an die Badezimmerwände zu schmieren. Daher durfte

Hana das Bad im Haus nicht benutzen, sondern musste eine schmutzige tragbare Toilette im Freien hinter der Scheune aufsuchen, die nur zweimal im Jahr gewartet wurde.

Auch die Dusche im Haus war tabu. Unabhängig von der Außentemperatur war Hanas Dusche ein mit Stöcken aufgestellter Gartenschlauch im Vorgarten. Sie musste oft diese kalte Behelfsdusche benutzen, während ihr die anderen Kinder aus den Fenstern des warmen Hauses zusahen.

Wenn Hana sich in irgendeiner Form über die Kleidung beschwerte, die Carri für sie ausgesucht hatte, verlor sie ihr Recht, überhaupt Kleidung zu tragen, und bekam für den Tag nichts als ein Handtuch.

Hana hatte lange geflochtene Haare, auf die sie stolz war. Ihr Haar war das Einzige, auf das sie stolz sein konnte, und Carri wusste das. Im ersten Frühling von Hanas neuem Leben wurde ihr gesagt, sie solle den Rasen im Garten mähen. Als sie fertig war, war das Gras kürzer geschnitten, als Carri es gewollt hatte. Also rasierte Carri ihr zur Strafe den Kopf. Später rasierte sie ihn noch bei zwei weiteren Gelegenheiten.

Die täglichen Bestrafungen hatten fast unmittelbar nach der Adoption der Kinder begonnen. Die meiste Zeit hatten Immanuel und Hana keine Ahnung, warum sie bestraft wurden. Vielleicht, weil sie an der falschen Stelle standen oder eine falsche Antwort bei den Schularbeiten gaben. Sie waren sich nie ganz sicher.

Einige Monate nach ihrer Ankunft in den USA und traumatisiert durch die veränderte Umgebung und die täglichen Bestrafungen, begann Immanuel, ins Bett zu nässen. Carri und Larry waren überzeugt, dass er das absichtlich tat, nur um sie zu ärgern. Also wurde der Junge nach draußen gebracht, wo er mit dem kalten Schlauch abgeduscht wurde, bevor er zum Schlafen in den dunklen Duschraum geschickt wurde.

Um sein Trauma noch zu verschlimmern, ärgerte Carri ihn oft, indem sie den Plastikschlauch, den sie ihre „Rute" nannte, über sein Gesicht laufen ließ. Bei einer Gelegenheit schlug Larry Immanuel mit der Faust ins Gesicht, sodass er blutete. In dieser Nacht musste er draußen schlafen und die anderen Kinder wurden angewiesen, sich nicht durch Zeichen mit ihm zu unterhalten.

Die Bestrafungen selbst stammten oft direkt aus dem Buch *To Train Up A Child*. Dazu gehörten auch die Schläge mit dem kurzen Plastikschlauch, den Carri stets in ihrem BH bei sich trug. Manchmal benutzten sie auch einen gefalteten Gürtel von Larry oder ein langes, flexibles Lineal. Andere gängige Formen der Bestrafung, die das Ehepaar aus dem Buch übernahm, waren die Verweigerung von Nahrung und Kleidung oder das Schlafen und die kalte Dusche im Freien.

Die leiblichen Kinder der Williams wurden zwar auch bestraft, aber nie so hart wie Hana und Immanuel. Die adoptierten Kinder bekamen auch andere Mahlzeiten. Während die eigenen Kinder Sandwiches aßen, bekamen Hana und Immanuel das gleiche Sandwich erst, nachdem sie ein Glas Wasser darüber gegossen hatten. Manchmal bekamen sie auch kalte Essensreste mit ungekochtem Tiefkühlgemüse. Fast immer waren die beiden Kinder gezwungen, draußen zu essen, während die anderen drinnen aßen, egal ob es kalt war, regnete oder schneite.

Als Hanas Menstruation einsetzte, unternahmen Larry und Carri die ersten Schritte, um ihr offizielles Alter zu ändern. Carri erzählte ihrer Strickgruppe, dass sie sie früher aus dem Haus werfen könnten, wenn sie ihr Alter um ein paar Jahre nach oben korrigierten. Als eine Frau aus der Strickgruppe fragte, wie das Mädchen denn in der Welt da draußen überleben sollte, schnappte Carri: „Das ist doch nicht mein Problem."

In den drei Jahren schlief Hana zunächst allein in der Scheune hinter dem Haus, bevor sie in einem Badezimmer ohne Licht und schließlich bis zu vierundzwanzig Stunden am Stück in einem zwei mal drei Meter großen Schrank eingesperrt wurde. Vor dem Schrank liefen die ganze Zeit Larrys aufgezeichnete Bibelpredigten und religiöse Musik, die ihr den Schlaf raubten.

———

Am Mittwoch, dem 11. Mai 2011, schickte Carri Hana nachmittags als tägliche Bestrafung in den Hinterhof. Es war ein regnerischer Tag und keine zehn Grad warm. Als Hana, die nur Shorts und T-Shirt trug, sich beschwerte, dass ihr kalt sei, befahl Carri, dass sie im Hof Hampelmänner machen sollte, damit ihr warm wurde. Nach ein paar Stunden allein draußen bemerkten die Kinder, dass Hanas Unterlippe zitterte. Sie schien nicht in der Lage zu sein, ihre eigenen Bewegungen zu kontrollieren, war ein paar Mal gestürzt und hatte schließlich Schwierigkeiten, überhaupt aufzustehen.

Carrie ging hinaus, packte Hana am Arm und führte sie zum Plumpsklo hinter der Scheune. Sie fiel immer wieder hin, was Carri wütend machte. Sie glaubte, dass Hana nur versuchte, Aufmerksamkeit zu erregen. Unfähig, sie zum Stehen zu bringen, ließ Carri sie schließlich im Hof liegen.

Stunden später war Hanas Kleidung durchnässt. Also legte Carri trockene Kleidung auf die Veranda und schrie sie an, wieder ins Haus kommen. Als Hana nicht kam, rief sie ihre beiden ältesten Söhne. Sie gab ihnen ein Stück Plastikschlauch und sagte ihnen, sie sollten ihr auf den Hintern schlagen, weil sie die Befehle nicht befolgt habe. Seltsamerweise begann sie, sich ihre Kleidung auszuziehen, während die Jungs sie auspeitschten. Also rief Carri die Jungs wieder herein.

Gegen 17:00 Uhr begann Hana, sich auf den Bürgersteig, die Kiesauffahrt und die Wiese zu werfen. Sie blutete an Knien und Händen, doch Carri sah ihr tatenlos vom warmen Haus aus zu. Irgendwann wandte sie sich vom Fenster ab und ignorierte Hana für den Rest des Abends.

Kurz vor Mitternacht lachten die sieben leiblichen Williams-Kinder, während sie weiterhin aus dem Fenster auf Hana starrten, die inzwischen ihre gesamte Kleidung ausgezogen hatte und sich immer noch unkontrolliert hin und her warf. Sie suhlte sich im Schlamm und schlug den Kopf gegen den Boden.

Sie sahen amüsiert zu, wie Hana das sogenannte „paradoxe Entkleiden" durchlebte. Im Endstadium der Unterkühlung können die Nerven geschädigt werden, was zu irrationalem Verhalten führt. Dieses letzte Stadium täuscht dem Verstand vor, dass es extrem heiß sei, was die Person dazu veranlasst, ihre Kleidung auszuziehen und zu versuchen, sich im Boden zu vergraben.

Als Hana sich schließlich nicht mehr rührte, rief eine der Töchter nach ihrer Mutter, damit sie nach ihr sah. Hana lag mit dem Gesicht nach unten im Hof und hatte den Mund voller Schlamm. Carri, verärgert über Hanas Nacktheit, schnappte sich ein Bettlaken und wickelte es um Hana. Dann wies sie ihre Söhne an, sie ins Haus zu schleppen.

Zuerst rief Carri Larry an, der gerade auf dem Heimweg von der Arbeit war. Nachdem sie aufgelegt hatte, wählte sie schließlich den Notruf:

> „Ich glaube, meine Tochter hat sich gerade umgebracht ... Sie ist wirklich rebellisch und war draußen und hat sich geweigert, reinzukommen. Und dann hat sie sich ständig auf den Boden

geworfen. Und dann ist sie zusammengebrochen."

„Atmet sie?"

„Ich glaube nicht, nein."

„Wie alt ist Ihre Tochter?"

„Ich weiß es nicht. Wir haben sie vor fast drei Jahren adoptiert."

„Sie wissen nicht, wie alt sie ist?"

„Sie ist so zwischen vierzehn und sechzehn Jahre alt. Sie hat sich überall in den Kies, in den Hof und auf die Veranda geworfen. Wir sind rausgegangen, um sie reinzuholen. Meine Söhne haben versucht, sie hineinzutragen, und sie hat sich ausgezogen. Sie war total passiv-aggressiv. Ich weiß nicht, wie ich es beschreiben soll."

Während des Anrufs klang Carri eher verärgert als traurig oder schockiert. Der Notrufmitarbeiter leitete sie bei der Herz-Lungen-Wiederbelebung an, aber es war sinnlos. Hana war tot. Als die Rettungskräfte eintrafen, hatte Hana eine große Beule auf der Stirn und war mit Blut bedeckt. Ihre Hüften, Knie, Ellbogen und ihr Gesicht hatten frische blutige Striemen von wiederholten Peitschenhieben. Sie hatte auch eine Mageninfektion.

Die Obduktion von Hanas Leiche ergab, dass sie für ein Alter von nur dreizehn Jahren anormal dünn war. Bei einer Körpergröße von 1,50 m wog sie nur noch 76 Pfund. Sie war damit leichter als 97 % der Mädchen ihres Alters und dünner als vor drei Jahren, als sie aus Äthiopien gekommen war. Die offizielle Todesursache war Unterkühlung in Verbindung mit Unterernährung und einer Gastritis (Magenentzündung). Es wurde festgestellt, dass ihr Körper am Tag ihres Todes zu dünn gewesen war, um genügend Wärme zu speichern.

———

Als das Jugendamt am nächsten Tag an die Haustür der Familie Williams klopfte, weigerte sich Larry, sie hereinzulassen. Zwei Wochen nach Hanas Tod wurde die gesamte Familie von Polizei und Jugendamt befragt. Alle Kinder erzählten die gleiche Geschichte. Offensichtlich hatten ihre Eltern sie entsprechend vorbereitet: Hana war rebellisch und „von Dämonen besessen".

Als Immanuel befragt wurde, sagte er den Detectives: „Leute wie Hana bekommen den Hintern versohlt, weil sie lügen, und sie kommen in die Hölle." Als Larry diese Antwort von Immanuel mitbekam, brach er das Gespräch sofort ab und brachte die Kinder nach Hause.

Zwei Monate waren vergangen, ohne dass Anklage gegen das Ehepaar Williams erhoben wurde, als das Jugendamt einen anonymen Hinweis erhielt. Jemand behauptete, dass Carri ihre adoptierten Kinder nicht mochte und dass Immanuel wie Hana behandelt wurde. Aufgrund dieses Hinweises arbeitete die Kinderschutzbehörde mit der Polizei zusammen und leitete eine formelle Untersuchung ein. Alle acht Williams-Kinder wurden in Pflegefamilien untergebracht, und bei einer Hausdurchsuchung fand die Polizei ein Exemplar des Buches *To Train Up a Child*.

Selbst nach Monaten in der Pflegefamilie hatte Immanuel noch immer Angst vor seinen Pflegeeltern und entschuldigte sich nervös für jeden kleinen Fehler, den er machte. Er fragte seine Pflegemutter sogar, warum sie ihn nicht schlug. Er erzählte seinen Therapeuten von wiederholten Albträumen und machte sich ständig Sorgen, dass er der Nächste sein könnte, der sterben würde. Bei Immanuel wurde eine post-traumatische Belastungsstörung diagnostiziert.

Im September, mehr als vier Monate nach Hanas Tod, wurden Carri und Larry Williams schließlich verhaftet, wegen Mordes durch Missbrauch und Totschlag ersten Grades für Hanas Tod und wegen Angriffs auf ein Kind ersten Grades für Immanuels Missbrauch.

Carri und Larry drohte jeweils lebenslange Haft. Beide stellten eine Kaution von jeweils 150.000 Dollar, erhielten aber die strikte Anweisung, weder direkt noch über Dritte oder auf anderem Wege Kontakt zueinander oder zu einem ihrer Kinder aufzunehmen. Als Larry weiterhin Bibelverse an sie schickte, vermutete die Staatsanwaltschaft, dass es sich dabei um verschlüsselte Botschaften handelte, die sie ermutigen sollten, ihm zu helfen. Larry Williams wurde erneut verhaftet und in ein Staatsgefängnis gebracht, wo er fast zwei Jahre lang auf seinen Prozess wartete.

Das war nicht das erste Mal, dass das Buch von Michael und Debi Pearl, *To Train Up a Child*, mit dem Tod eines Kindes in Verbindung gebracht wurde. Zwei andere Gruppen fundamentalchristlicher Eltern, die Maßnahmen aus diesem Buch anwendeten, hatten vor Kurzem ihre adoptierten Kinder getötet: Sean Paddock und Lydia Schatz. Die drei Todesfälle ereigneten sich in verschiedenen Teilen der Vereinigten Staaten, aber alle Kinder wurden adoptiert, zu Hause unterrichtet und mit einem 1/4-Zoll-Plastikschlauch geschlagen, wie von Michael Pearl empfohlen.

Die Eltern der siebenjährigen Lydia Schatz, Kevin und Elizabeth, hielten sie fest und schlugen sie neun Stunden lang mit einem Schlauch, weil sie das Wort „pulled" (dt.: „gezogen") falsch ausgesprochen hatte. Die Mutter des vierjährigen Sean

Paddock, Lynn Paddock, erstickte ihn mit einer zu fest um ihn gewickelten Decke, weil sie ihn daran hindern wollte, mitten in der Nacht aus dem Bett zu steigen. Wie bei Hana war der Missbrauch, an dem diese Kinder schließlich starben, nur die Spitze des Eisbergs.

————

Im Prozess beschuldigten sich Carri und Larry gegenseitig. Das Paar saß im Gerichtssaal an gegenüberliegenden Tischen und sah sich selten in die Augen. Larry sagte aus, die Bestrafung sei ausschließlich durch Carri erfolgt, während Carri behauptete, sie habe die Kinder auf Anweisung ihres Mannes bestraft. Carri gab außerdem zu, ihren Kindern gesagt zu haben, dass sie nicht mit der Polizei über den Missbrauch sprechen sollten. Die Kinder gaben jedoch an, dass Lügen in ihrem Haushalt als eines der schwersten Vergehen angesehen wurde.

Eines der Williams-Kinder, Joshua, bestätigte, dass Hana seit mindestens einem Jahr vor ihrem Tod nicht mehr zu Hause unterrichtet wurde und keine Mahlzeiten mit den anderen Kindern eingenommen hatte. Er erzählte dem Gericht außerdem, dass manchmal zwei Tage vergingen, ohne dass jemand mit ihr gesprochen habe. Und keines der leiblichen Kinder habe sie gemocht, „aber das spielte keine Rolle, weil sie sowieso immer im Schrank war."

Immanuel sagte in Gebärdensprache mithilfe von drei Dolmetschern aus. Im Gerichtssaal war es mucksmäuschenstill, als er gefragt wurde, was seiner Meinung nach mit Hana passiert war. „Ich weiß es nicht. Sie ist verschwunden. Vielleicht ist sie auch tot." Er sagte außerdem aus, dass er oft mit einem Stock oder einem Plastikschlauch geschlagen wurde, bis ihm das Blut über das Gesicht liefe. „Ich habe die Schmerzen so lange ertragen, bis sie endlich weggingen."

Die leiblichen Kinder gaben zu, dass sie dazu angehalten wurden, den Behörden zu sagen, dass Hana bei ihnen im Schlafzimmer schlief, obwohl sie in Wirklichkeit in einem winzigen Schrank eingeschlossen wurde. Den Geschworenen wurde sowohl dieser Schrank als auch Fotos von den Narben auf Hanas Körper gezeigt, die von wiederholten Schlägen herrührten.

Larry sagte aus, dass er den disziplinarischen Entscheidungen seiner Frau mit den adoptierten Kindern vertraut habe, weil sie so gute Arbeit bei der Erziehung der leiblichen Kinder geleistet hatte. Carri entgegnete, dass ihr Mann gleichberechtigt an der Disziplinierung beteiligt war und sich sogar einige Methoden selbst ausgedacht habe wie das Abspritzen mit kaltem Wasser und das Einsperren im Duschraum, nachdem Immanuel ins Bett gemacht hatte. Sie sagte auch aus, dass Larry derjenige gewesen sei, der das Schloss an der Schranktür angebracht hatte.

Während des Prozesses versuchte die Verteidigung zu argumentieren, dass Hana eigentlich sechzehn und nicht dreizehn Jahre alt gewesen war. Wäre sie zum Zeitpunkt ihres Todes sechzehn Jahre alt gewesen, könnte die Anklage wegen Mordes durch Missbrauch nicht angewendet werden, da sie nur für Kinder unter sechzehn Jahren gilt.

Da es jedoch keine Dokumentation über ihre Geburt aus Äthiopien gab, die ihr Alter in irgendeiner Weise bewiesen hätte, wurde der Prozess vertagt, um Hanas Leiche zur Untersuchung exhumieren zu lassen. Tests an ihren Zähnen und Knochen waren jedoch nicht schlüssig und Experten konnten nicht bestätigen, dass sie sechzehn war.

Die Verteidigung stimmte zu, dass Larry und Carri vielleicht schlechte Eltern waren und falsche Entscheidungen getroffen hatten. Sie seien jedoch keine Mörder und hätten keine

Ahnung gehabt, dass ihre Form der Disziplinierung zum Tod des Kindes führen würde.

Nach der siebenwöchigen Verhandlung stimmten die Geschworenen nicht mit der Verteidigung überein und sowohl Larry als auch Carri Williams wurden wegen Totschlags ersten Grades und Körperverletzung ersten Grades verurteilt. Carri wurde außerdem des Mordes durch Missbrauch für schuldig befunden und zu siebenunddreißig Jahren Gefängnis verurteilt. Larry Williams wurde zu fast achtundzwanzig Jahren verurteilt, wobei ihm die knapp zwei Jahre angerechnet wurden, die er im Gefängnis verbracht und auf seinen Prozess gewartet hatte.

———

Dieses Kapitel ist ein kostenloses Bonuskapitel aus dem 5. Band der „True Crime"-Serie von Jason Neal.

Online-Anhang

Besuchen Sie meine Website für weitere Fotos und Videos zu den Fällen in diesem Buch:

http://truecrimecasehistories.com/vol6/

Ebenfalls von Jason Neal erschienen:

Jason Neals komplette Serie über wahre Verbrechen finden Sie auf Amazon unter https://geni.us/TrueCrime

Die Reihe wird ständig um neue Bände ergänzt, die auch als Taschenbuch erhältlich sind.

Achten Sie auch auf das Bonuskapitel aus diesen Büchern am Ende dieses Buches.

KOSTENLOSES BONUS-EBOOK FÜR MEINE LESER

Als Dankeschön für das Herunterladen verschenke ich ein kostenloses True-Crime-Buch, das Ihnen sicher gefallen wird.

https://geni.us/Kriminalroman

Gehen Sie einfach auf die oben genannte URL und teilen Sie mir mit, wohin ich Ihr kostenloses Geschenk schicken soll!

Wenn Sie außerdem ein kostenloses True-Crime-Hörbuch haben möchten, besuchen Sie bitte diesen Link.

https://geni.us/audioDE

VIELEN DANK!

Vielen Dank, dass Sie meinen sechsten Band der True Crime Case Histories gelesen haben. Ich hoffe, dass er Ihnen gefallen hat. In diesem Fall wäre ich Ihnen sehr dankbar, wenn Sie sich ein paar Minuten Zeit nehmen, um über den untenstehenden Link eine Rezension auf Amazon zu schreiben.

https://geni.us/TrueCrimeDE6

Ich möchte Sie auch dazu ermutigen, sich in meine E-Mail-Liste einzutragen, um Updates, Rabatte und Gratisgeschenke für zukünftige Bücher zu erhalten! Ich verspreche, dass sich die Werbegeschenke lohnen werden.

http://truecrimecasehistories.com

Wenn Sie mich aus irgendeinem Grund kontaktieren möchten, schreiben Sie mir an: jasonnealbooks@gmail.com

Vielen Dank,

Jason Neal

ÜBER DEN AUTOR

Jason Neal ist ein amerikanischer Bestseller-Autor für wahre Verbrechen und lebt mit seiner türkisch-britischen Frau in Arizona und Hawaii. Jason begann seine Schriftstellerkarriere in den späten Achtzigern als Verleger in der Musikindustrie. 2019 schrieb er sein erstes True-Crime-Buch.

Als Junge, der in den 1980er Jahren südlich von Seattle aufwuchs, begann Jason sich für wahre Kriminalgeschichten zu interessieren, nachdem er in den Nachrichten vom Green River Killer gehört hatte, der in seiner Nähe sein Unwesen getrieben hatte. In den folgenden Jahren las er alles, was er über wahre Verbrechen und Serienmörder in die Finger bekam.

Als er auf die Fünfzig zuging, begann Jason, Geschichten über die Verbrechen zusammenzutragen, die ihn zeit seines Lebens am meisten faszinieren.

Er ist besonders besessen von Fällen, die durch schieres Glück, erstaunliche Polizeiarbeit und bahnbrechende Technologie gelöst wurden wie frühe DNA-Fälle und in jüngerer Zeit die Reverse Genealogy.

* 9 7 8 1 9 5 6 5 6 6 1 0 9 *